Ungarische Agrarpolitik.

Ungarische Agrarpolitik.

Die Ursachen

des

Preisfalles der landwirtschaftlichen Produkte und die Mittel der Abhilfe.

Von

Stefan von Tisza.

Autorisierte deutsche Ausgabe.

Leipzig,
Verlag von Duncker & Humblot.
1897.

Alle Rechte vorbehalten.

Pierer'sche Hofbuchdruckerei Stephan Geibel & Co. in Altenburg.

Vorwort.

Der Preisrückgang unserer landwirtschaftlichen Produkte im allgemeinen und des Weizens im besonderen nimmt in der zweiten Hälfte des Jahres 1884 gröfsere Dimensionen an. Der Budapester Weizenpreis schwankt von 1885 bis 1890 um die Notirung von acht Gulden und zeigt gegen den Durchschnittspreis der Periode 1875—1884 einen Rückfall von drei Gulden. Gleichen Schritt mit dieser Erscheinung hält auch der Preisrückgang einiger unserer wichtigsten Produkte (Rindvieh, Schafe, Wolle etc.).

Die Thatsache erweckt im ganzen Lande allgemeine Betroffenheit und sorgenvoll blickt jedermann der an der Schwelle stehenden Krise entgegen, die unsere Landwirtschaft mit dem Zusammenbruch, unsere Grundbesitzer mit dem Ruine bedroht. Und siehe da, ein Jahr verstreicht nach dem anderen, und statt des Eintreffens der dräuenden Krise gewahren wir, dafs unsere Landwirtschaft eine rapide Entwickelung nimmt, und nicht nur der Preis des Bodens — worauf auch andere Faktoren, wie das Sinken des Zinsfufses, Einflufs nahmen — sondern auch der sicherste Gradmesser für die Rentabilität des Bodens, der Pachtzins, steigt, so dafs wir bis zum Jahre 1894 mit Recht behaupten konnten, dafs unsere Landwirtschaft die schwere Prüfung der Preisdepression zwar unter harten Kämpfen, aber siegreich bestanden habe.

Diese erfreuliche Thatsache ist in erster Reihe den geistigen und sittlichen Eigenschaften der ungarischen Landwirte zu danken.

Schon die schlechten Ernten der siebziger Jahre, die trotz der hohen Produktenpreise uns in eine schwierige Lage versetzten und ein grelles Licht auf die Unzulänglichkeit unserer einseitigen und extensiven Bewirtschaftung warfen, haben den Grund zur Entwickelung unserer Landwirtschaft gelegt. Damals bereits drang die Überzeugung in immer weitere Kreise, daſs wir bei der Fortsetzung unserer überkommenen Bewirtschaftungs-Methode nicht zu existieren vermögen. Die Anwendung der Errungenschaften in der landwirtschaftlichen Wissenschaft und Technik, das Aufgreifen neuer Produktionszweige, sorgfältigere und sparsamere Verwaltung verbreiteten sich in immer weiteren Kreisen. Die Umwandlung wird schon in der ersten Hälfte der achtziger Jahre eine augenfällige; die eingetretene Preisdepression gestaltet sie zu einer allgemeinen und rapiden. Der Druck dieser schweren Zeiten macht unsere Landwirte keineswegs kleinmütig; im Gegenteil, er erweckt in ihnen die Thatkraft, die unter den leichteren Existenz-Bedingungen besserer Zeiten eingeschlummert war. Mit männlicher Entschlossenheit, nie wankender Ausdauer schreiten sie an die Arbeit und verwirklichen das Reformwerk von Dezennien in wenigen Jahren.

Durch die Kultivierung neuer Produktionszweige werden frische Quellen des Erwerbes erschlossen; durch sachkundigere Züchtung, sorgfältigere und rationellere Fütterung wird die Viehzucht produktiv und gleichzeitig wohlfeiler; mit Hilfe eines rationellen Anbau-Turnus und einer besseren Bewirtschaftung werden die Erntedurchschnitte erhöht und die auf den Metercentner entfallenden Produktionskosten vermindert; so daſs als Gesamtwirkung alles dessen unsere Landwirte unter dem Drucke der Depression der Preise nicht nur nicht zu Grunde gehen, sondern die erste Periode derselben in einer sich konsolidierenden Vermögenslage überdauern.

Mit berechtigtem Stolze können wir auf diesen Kampf zurückblicken; er ist ein glänzender und für die Zukunft ermutigender Beweis der Zähigkeit und Thatkraft unserer Rasse. Er hätte jedoch nicht siegreich durchgerungen werden können, wenn die allgemeine Entwicklung der Verhältnisse unseren Bestrebungen nicht zu Hilfe gekommen wäre. Die Besserung der Geld- und Kreditverhältnisse verminderte die Last unserer alten Schulden und ermöglichte — wenngleich noch immer unter genug schweren

Bedingungen — die Befriedigung des steigenden Bedarfs an Betriebskapital für die intensivere Bewirtschaftung. Die Zunahme der städtischen Bevölkerung, die Entwickelung der Industrie und die steigende Wohlhabenheit jener Kreise, die sich nicht mit der Landwirtschaft beschäftigen, hoben den inländischen Konsum und erschlossen den Landwirten weitgestreckter Distrikte auf dem Gebiete der Milch-, Fleisch-, Geflügel-, Eier-, Gemüse- und Obstproduktion neue Einnahme-Quellen. Die rapide Entwickelung unserer Hauptstadt an sich bildet die Grundlage der landwirtschaftlichen Blüte einer von Jahr zu Jahr sich erweiternden Zone. Der Ausbau des Eisenbahnnetzes, die Verstaatlichung und die gründliche Umgestaltung der Tarife aber schaffen namentlich für die entfernteren Gegenden die unentbehrlichen Voraussetzungen des wirtschaftlichen Fortschrittes.

Auf Grund alles dessen konnten wir in dem ersten Drittel der neunziger Jahre wohl mit Recht glauben, dafs die ungarische Landwirtschaft die niedrigen Produktenpreise verdaut haben werde und im grofsen Allgemeinen — denn einzelne Personen und Gegenden haben leider immer ihre speziellen Übel — in die Periode der Kräftigung des zwar kampfreichen, aber dauernden Fortschrittes eingetreten sei. In den letzten Jahren ändert sich das Bild leider sehr wesentlich. Im Jahre 1894 fällt der Weizen um einen ganzen Gulden unter den bisherigen niedrigsten Jahresdurchschnitt und der Weizen verfolgt bis zum Monat September des laufenden Jahres eine weichende Tendenz. Der gröfste Teil der übrigen Getreidearten folgt dem Weizenpreise in dieser Entwickelung. Der Preis des in einem ansehnlichen Teile des Landes besondere Wichtigkeit besitzenden Kleesamens fällt um die Hälfte. Die Ernte desselben wird durch die Verwüstungen des Apion decimiert, die Produktion der Zuckerrübe wird durch die kritische Lage der Zuckerindustrie fragwürdig, und allem voran wird unsere Viehzucht von einem Schlage nach dem anderen heimgesucht. Die Lungenseuche richtet den Viehstand vieler Gegenden zu Grunde, die Maul- und Klauenseuche veranlasst fortwährende Verkehrsbeschränkungen und verursacht insbesondere in Ansehung der Mastung und Verwertung unserer Tiere unberechenbaren Schaden. In erster Reihe aber entwickelt sich die Schweinepest zu einer

Katastrophe, von welcher nur derjenige eine richtige Vorstellung besitzen kann, der die Verwüstungen draufsen im Leben gesehen hat. Die im Centrum des Borstenvieh-Verkehrs verlorenen Millionen bilden nur einen geringen Bruchteil der Verluste des Landes. Angefangen vom Grofsgrundbesitzer bis hinab zum ärmsten Hirten und Tagelöhner erleidet jeder enorme Einbufse an seinem Einkommen oder in seinen Existenzverhältnissen. Das Ferkel, welches der ärmste Mann zur Aufbesserung seiner Küche absticht, ist ein wesentlicher Teil des Vorrates der kleinsten Haushaltung; seine Wegraffung ist ein kaum ersetzbarer, empfindlicher Verlust für dieselbe.

Diese Übel stehen in keinem inneren Zusammenhange und ein Teil derselben ist vorübergehender Natur, aber ihr gleichzeitiges Auftreten schafft eine ungleich schwierigere und gefährlichere Lage des Landwirtes. Jedermann, der sich praktisch mit der Landwirtschaft beschäftigt, wird mir darin zustimmen, dafs unsere Lage sich während der beiden letzten Jahre sehr wesentlich verschlechterte, dafs wir bei fortgesetzter Preisdepression wie unter dem Drucke vielfältiger, anderer Heimsuchungen nur mit ernster Sorge in die Zukunft blicken können. Daran ändert der Umstand nichts, dafs die Weizenpreise während der beiden letzten Monate eine namhafte Besserung erfahren haben. Die Welternte erwies sich im laufenden Jahre als eine wesentlich schwächere; die Preissteigerung wurde durch ephemere Ausnahms-Umstände herbeigeführt. Die nächste Mittelernte wird die niedrigen Weizenpreise der jüngsten Vergangenheit wieder herstellen.

Das vor zehn Jahren mit Erfolg angewendete Recept kann nicht wiederholt werden. In dem damaligen Zustande der Zurückgebliebenheit unserer Landwirtschaft konnte man uns mit Fug und Recht den Rat erteilen, dafs wir besser wirtschaften, mehr und dadurch auch wohlfeiler produzieren sollen. Damals befolgten wir den Rat und er hat sich auch bewährt, aber den Sprung nach vorwärts, den wir vor zehn Jahren unternehmen konnten, vermögen wir nicht zu wiederholen. Heute sind wir bereits bis zu jenem Grade der wirtschaftlichen Entwickelung gelangt, von welchem aus ein weiterer, stufenweiser allmählicher Fortschritt allerdings möglich, dagegen ein ebenso rapides Vorwärtsgehen wie in der Vergangenheit undenkbar ist. Auf solche Verhältnisse angewendet verwandelt sich der gute alte Rat in eine leere Phrase, und wer uns mit diesem vertrösten möchte, beweist nur, daſs er unsere Lage ganz und gar nicht kennt.

Wir dürfen auch heute nicht kopfhängerisch werden oder den Kampf aufgeben; wir müssen die Arbeit des landwirtschaftlichen Fortschrittes beherzt und entschlossen fortsetzen, allein so groſse Resultate wie in der Vergangenheit können wir davon nicht mehr erhoffen.

Unter solchen Verhältnissen muſs sich die Aufmerksamkeit des Staates und der Gesellschaft unserer gefährdeten materiellen Lage zuwenden. Die brennendste, wichtigste Aufgabe unserer Wirtschaftspolitik ist die Beseitigung der Übel des Landwirtes. Das ist keineswegs das Interesse einer Klasse, sondern die Lebensfrage unserer ganzen Gesellschaft, aller ihrer Klassen.

Gleichwie der Aufschwung des Handels und der Industrie, die Kapitalsansammlung ein eminentes Interesse des Landwirtes ist, ebenso ist unser Wohlergehen eine Lebensfrage des Industriellen, des Kaufmannes. Insbesondere bei dem jetzt herrschenden System des Schutzzolles sind die verschiedenen Klassen jeder Nation aufeinander angewiesen, finden sie in ihrer Konsumtionsfähigkeit die Basis der eigenen Existenz. Eine landwirtschaftliche Krise, welche die materielle Lage des Landwirtes wesentlich beeinträchtigt, würde unsere gesamten volkswirtschaftlichen Verhältnisse an der Wurzel angreifen.

Es liegt auſserhalb des Rahmens dieser Studie, die Heilmittel für jene singulären Übel und Schicksalsschläge zu suchen, die mit der Preisverminderung und mit einander in keinem organischen Zusammenhange stehen. Mein Ziel ist gegenwärtig nur die Untersuchung der Preisdepression, dieser allgemeinsten und dauerndsten Kalamität.

Das war auch der officiell ausgesprochene Zweck des internationalen landwirtschaftlichen Kongresses. Von dem richtigen Grundsatze ausgehend, daſs wir zuerst über die Ursachen eines Übels ins Reine kommen, seine Diagnose feststellen müssen, wenn wir es zu heilen wünschen, wurde in den dem Kongresse gestellten Fragen die Aufhellung dieser Ursachen als Ziel gesteckt, und die Verhandlungen des Kongresses haben — wenn sie auch kein neues Licht auf die Frage warfen — doch den Standpunkt und die Argumente der hervorragenden Vertreter der verschiedenen volkswirtschaftlichen Richtungen in konzentrischer Beleuchtung gezeigt, und zwar nach jenen Faktoren gruppiert, die auf die Preisbildung Einfluſs nehmen. Insbesondere die deutsche Partei der Bimetallisten und Agrarier erschien in geschlossenen Reihen auf dem Kongresse; ihre Lehren fanden eifrige Schüler gerade in jenen Kreisen, welche es lieben, als die einzig berufenen Vertreter und Führer der ungarischen Landwirte aufzutreten, und seit dem Kongresse wird die Agitation mit verdoppelter Energie in der Richtung betrieben, unsere Landwirte für das orthodoxe agrarische Programm zu gewinnen.

Die Kürze der dem Kongresse zugemessenen Zeit und der Umstand, daſs die Verhandlungen in vier Sektionen geteilt überall gleichzeitig abgehalten wurden, haben die Ausprägung und Erörterung der verschiedenen Ansichten hinsichtlich aller, auf die Tagesordnung gestellten Fragen so gut wie unmöglich gemacht. Und doch greifen die aufgeworfenen Fragen sehr tief in unsere wichtigsten Interessen; die Richtigkeit oder Irrtümlichkeit der zu erteilenden Antwort kann sehr ernste Folgen nach sich ziehen. Es ist eine Pflicht gegen uns wie gegen das Land, nicht Schlagworten, nicht einseitigen Informationen zu folgen, sondern uns nach eingehender und gewissenhafter Prüfung aller aufklärenden Thatsachen, aller zur Verfügung stehenden Daten eine Überzeugung zu bilden.

Diesem Zwecke will ich durch die vorliegende Studie dienen. Ich trete nicht mit dem befangenen Glauben der Unfehlbarkeit, nicht mit den Schlagworten und Verdächtigungen des Agitators, sondern mit einem vielleicht langweiligen Systeme trockener Thatsachen und Argumente vor meine Landwirt-Kollegen hin; ich wünsche ihnen ein Mittel an die Hand zu geben, damit wir uns durch eine Beleuchtung der Frage nach allen Seiten hin ein gründlicheres, unbefangeneres, zutreffenderes Urteil bilden.

Meine Konklusionen weichen vielfach von dem allein seligmachenden agrarischen Dogma ab und ich werde den Angriffen von dieser Seite kaum ausweichen können. Ich acceptiere die eingehende objektive Kritik sehr gern; ich erbitte sie mir sogar. Vermögen wir doch die uns allen obliegende Pflicht: eine befriegende Lösung dieser, die Zukunft der Landwirte so nahe berührenden Frage vorzubereiten, nur durch eine gründliche Erörterung der verschiedenen Anschauungen zu erfüllen. Nur aus dem sachgemäfsen Kampfe der entgegengesetzten Anschauungen kann eine gereifte, zur That befähigte öffentliche Meinung hervorgehen.

Wer diesem Zwecke wirklich dienen, wer wirklich Klarheit verbreiten will, dem begegne ich bereitwillig auf dem Terrain des objektiven Gedankenaustausches. Wer aber zum persönlichen Angriffe und zur Verdächtigung die Zuflucht nimmt, der beweist nur, dafs er der Gerechtigkeit seiner Sache nicht vertraut, die Kraft der Wahrheit fürchtet, und nur von der Irreleitung und Aufwühlung der öffentlichen Meinung den Sieg seiner Sache erwarten kann.

Cse göd, im November 1896.

Der Verfasser.

Inhaltsverzeichnis.

	Seite
Giebt es eine Überproduktion	1
Goldvaluta und Preisrückgang	12
Spekulation und Preisbildung	40
Was ist zu thun	57
Schlufswort	74

Giebt es eine Überproduktion?

I.

Es sind nun nahe an zwei Jahrzehnte verstrichen, dafs Amerika mit riesigen Weizenüberschüssen auf den europäischen Märkten erschienen ist, und, so bald diese Erscheinung mit guten europäischen Ernten zusammentraf, der rapide und dauernde Rückgang der Weizenpreise begonnen hat. Nach der übereinstimmenden Anschauung der interessierten Kreise wurde dieser Preisfall durch die transozeanische Konkurrenz herbeigeführt, und so sehr die Auffassungen in anderer Hinsicht auch auseinander gelaufen sein mögen, darin stimmten alle überein, dafs das mit Weizen bebaute Areale in riesigen Verhältnissen gewachsen sei, die Bewirtschaftung der jenseits des Meeres unter Kultur gelangten jungfräulichen Bodenfläche eine Überproduktion herbeigeführt habe, und dafs die Hauptursache der dauernden Preisdepression darin gelegen sei.

Lange Jahre hindurch vernahmen, acceptierten und wiederholten wir diese Behauptung ohne eingehendere Untersuchung und Beweisführung. Jedermann nahm sie als einen selbstverständlichen Gemeinplatz hin, bis mit einemmale, hauptsächlich aus bimetallistischen Kreisen, kühne Angriffe gegen diese Behauptung gerichtet wurden, und der gesammte Apparat der Statistik zum Beweise dessen in Bewegung gesetzt wurde, dafs es keine Überproduktion giebt, das Verhältnis zwischen der Produktion und Konsumtion der Welt während der letzten Jahre sich nicht nur nicht verschlechtert sondern zum Vorteile des Produzenten gebessert habe, die Ursachen der Preisdepression nicht in der Überproduktion, sondern in der schädlichen Rückwirkung anderer Faktoren gesucht werden müssen.

Die Vertreter dieser Anschauung erschienen gut organisiert und kampfbereit auf dem internationalen landwirtschaftlichen Kongresse; sie beherrschten sehr entschieden die Beratungen der I. Sektion, und die in derselben gehaltenen Vorträge mufsten in ihrem Endergebnisse in dem ungarischen Landwirte zweifellos den Eindruck erwecken, dafs eine Überproduktion nicht existiert und dafs der Weizenkonsum der Welt in gröfserem Mafsstabe zunimmt, als die Produktion.

Diese Argumentation beruht auf einer sehr einfachen Grundlage. Nehmen wir die Zunahme der Bevölkerung der Erde, berechnen wir daraus die jährliche Steigerung des Weizenbedarfs, nehmen wir andererseits die Produktions-Statistik aller Weizen bauenden Länder und berechnen wir daraus die jährlichen Schwankungen der Weizenproduktion der Welt. Bei diesem Verfahren gelangen wir in den letzten Jahren, aber auch nur in diesen,[1]) thatsächlich zu einem etwas geringeren Überschusse an Weizen gegenüber der jährlichen Steigerung des Bedarfs.

Diese aus den Ziffern abgeleitete Erfahrung ergänzen wir in der Regel mit der Bemerkung, dafs es absurd wäre, auch nur anzunehmen, wir produzieren jährlich mehr Weizen, als wir konsumieren, denn sonst müfsten ja die Weizenvorräte der Welt von Jahr zu Jahr steigen.

Um zunächst diese Bemerkung abzuthun: das Wort Überproduktion wurde von einem ernsten Menschen niemals in dem etymologischen Sinne genommen, dafs wir jährlich mehr Weizen produzieren als wir thatsächlich konsumieren. Unter Überproduction in wirtschaftlichem Sinne verstehen wir jenen Zustand, in dem die ganze Ernte nur zu so gedrückten Preisen, die den Produzenten mit dem Ruin bedrohen, einen Konsumenten finden kann. Es wäre ein grober Irrtum zu glauben, dafs die

---

[1]) Die Weizenproduktion der Welt wird im Jahre 1873 auf 639, im Jahre 1894 auf 886 Millionen Hectoliter geschätzt. Die Steigerung beträgt 247 Millionen oder 38,6 %, was mindestens das Zweifache der Bevölkerungszunahme ist.

Veränderung im Weizenpreise keinen Einfluſs auf den Konsum übt. Derselbe kann bei niedrigen Preisen sehr namhaft steigen, nicht nur weil die ärmere Klasse mehr Nahrung nimmt, sondern weil sie an Stelle der minderwertigen Mehlstoffe (Korn, Mais, Kartoffel u. s. w.) Weizen in gröſseren Mengen konsumiert.

Der Weizenkonsum in England beispielsweise, der in der Zeit von 1865 bis 1875 keine wesentliche Veränderung aufweist und durchschnittlich 1,98 hl per Kopf beträgt, zeigt infolge der Preisverminderung eine steigende Tendenz und erhöht sich in den Jahren 1890—1893 auf durchschnittlich 2,25 hl[1]).

Der Weizenverbrauch in Holland steigt in den Jahren 1874—1892 von 1,09 hl auf 1,43. Eine geradezu frappante Illustration aber erhält die Behauptung durch den Verkehr des gemeinsamen Zollgebietes verglichen mit den Produktionsziffern Ungarns und Österreichs.

	Ernte Österreichs und Ungarns	Nettoausfuhr des gemeinsamen Zollgebietes.	Inländischer Konsum	per Kopf	Budapester Durchschnittsnotierung.
	Millionen Hektoliter			hl	
Jahresdurchschnitt 1871—1875	30	0,1	29,9	0,83	12,72
„ 1886—1890	62	6	56	1,40	8,06

Wir sehen also, daſs der unter dem Einflusse der zu Beginn der Siebziger Jahre eingetretenen Theuerung auf 83 l per Kopf gesunkene Weizenkonsum mit dem Beginn der Verwohlfeilung auf 140 l, daher um 68 % gestiegen ist.

In Bezug auf die Vorräte aber dürfen wir nicht auſser acht lassen, daſs auch relativ geringe Vorräte wesentlich auf den Preis wirken, und daſs deren unveränderte Übertragung von einem Jahre auf das andere eine dauernde Depression hervorruft. Den ungarischen Landwirten ist die Depression der Branntweinpreise eine leider nur allzu genau bekannte Thatsache. Wir wissen sehr wohl, daſs der jährliche Konsum so ziemlich gleichen Schritt mit der Produktion hält, allein der Branntweinmarkt vermochte sich trotzdem von dem bedrückenden Einflusse der bei dem Inslebentreten des Branntweingesetzes aufgestapelten Vorräte lange

---

[1]) Journal of the royal statist. society 1895. März S. 50.

Jahre hindurch nicht zu befreien. Dafs aber die Weizenvorräte in den letzten Jahren einen entschiedenen Druck auf die Preise übten, dafür liefert wohl der Hinweis einen genügenden Beweis, dafs die sichtbaren Weizenvorräte

   1892 1. Nov. 61,
   1893 1. „ 80,
   1894 1. „ 80,
   1895 1. „ 76 Millionen hl betrugen.

Was nun die obenerwähnte Gruppierung der Zahlen anlangt, müssen wir zunächst bemerken, dafs dieselben nur in den letzten Jahren in Bezug auf die Produktion ein negatives Ergebnis nachweisen, die Preisdepression aber ist viel älteren Datums. Die letzten Jahre bezeichnen nur eine Phase dieser früher entstandenen unaufhaltsamen Bewegung. Davon abgesehen werden diese Ziffern jedes positiven Wertes durch den Umstand beraubt, dafs sie vollkommen unzuverlässig sind.

Die Statistik giebt uns bei gewissenhafter Handhabung stets einen zuverlässigen Faden an die Hand, wo sie rechnet; aber sie verirrt sich in unsichere Annahmen und Kombinationen, so bald sie genötigt ist zu schätzen. Man kann diese Wahrheit nicht oft genug gerade in unserer Zeit betonen, in der die Menschen von einem wahrhaften statistischen Fieber und von einer abergläubischen Verehrung der Ziffern ergriffen wurden. Diese Strömung reifst die Statistik immer weiter auf den schwankenden Boden der Schätzungen oder — um es rundheraus zu sagen, der aus dem Finger gesaugten Zahlen; an die Stelle der trockenen Wägung und Zählung treten abenteuerliche Gruppen von Ziffern, und der grofsen Mehrheit des Publikums, die ihre Kenntnisse aus Zeitungen oder höchstens aus Flugschriften schöpft, imponiert jede Ziffer in gleichem Mafse.

Nun ist aber jede Schätzung ohne Ausnahme nur eine approximative, eine mehr oder minder wahrscheinliche Voraussetzung, bietet keinen positiven Anhaltspunkt, liefert niemals ein treues Bild der fraglichen Thatsache, und kann nur in Ermangelung einer zuverlässigeren Grundlage und nur mit grofser Vorsicht als Basis unserer Argumentation benutzt werden. Wenn sie sich auf naheliegende, leicht übersehbare und schwer zu verheimlichende Thatsachen bezieht, und wenn als Stützpunkt und Gegenprobe genaue Daten der Messung dienen, dann besitzt auch die Schätzung einen gewissen Wert, dann kann auch mit einer gewissen Wahrscheinlichkeit angenommen werden, dafs ihr Ergebnis nicht allzu sehr von der Wahrheit abweicht. Die Annahme ist um so unbegründeter, je geringer die eben gekennzeichneten Voraussetzungen eines gewissenhaften und sorgfältigen Verfahrens bei der Schätzung sind.

Besondere Bedeutung besitzt diese Wahrheit bei der Beurteilung der Zahlen der Erntestatistik. Wir müssen eine ganze Reihe von Schätzungen vollführen, um die Weizenproduktion und Konsumtion eines Gebietes festzustellen. Diese Schätzungen haben positive Stützpunkte in den Kulturstaaten des mittleren und des westlichen Europa, und obgleich auch da sehr wesentliche Abweichungen sich ergeben können, ist im Grofsen und Ganzen doch anzunehmen, dafs sie der Wahrheit wenigstens nahe kommen, die Produktions-Daten der entfernter liegenden, grofse Weizenvorräte besitzenden Gebiete jedoch können kaum einer ernsten Kontrole unterzogen werden und besitzen überhaupt keinen positiven Wert.

II.

Übrigens ist es vollkommen überflüssig, die Produktion und den Verbrauch der ganzen Welt zu berechnen und einander gegenüber zu stellen, um die Frage der Überproduktion aus dem Gesichtspunkte des europäischen Landwirtes zu entscheiden. Das Wesen der Frage ist nämlich aus dem Gesichtspunkte unserer Lage, unserer Interessen nicht die, ob es in der ganzen Welt eine Überproduktion giebt? sondern die: ob die Konkurrenz der wohlfeil produzierenden, eine extensive Kultur besitzenden Territorien auf dem Markte der europäischen Konsumtionsgebiete einen drückenden Charakter angenommen hat? Brachten dieselben derartige Mengen auf den Markt, die das Verhältnis zwischen Angebot und Nachfrage wesentlich gestört haben und nur bei namhaften Preisnachlässen an den Mann zu bringen waren? Denn wenn es richtig ist, dafs die Einfuhr Rufslands und der überseeischen Staaten in das europäische Verbrauchsgebiet gröfsere Dimensionen annahm, als die natürliche, mit der Vermehrung der Bevölkerung zunehmende Steigerung des Weizenbedarfes, so erscheint es überhaupt ganz überflüssig, die Produktions- und Konsumtions-Verhältnisse der sonstigen Gebiete zu erforschen; aus unserem Gesichtspunkte existiert die Überproduktion, ist die Thatsache unzweifelhaft bewiesen, dafs die überseeische Konkurrenz unsere Märkte beherrscht, die Produktions- und Transport-Verhältnisse derselben unsere Preise auf jenes Mafs herabdrückten, bis zu welchem dieselben fallen mufsten, damit jene Überschüsse, welche die natürliche Steigerung des Bedarfes überschreiten, im Wege der Zunahme des Verbrauchs per Kopf eine Verwendung finden.

Wenn wir die Frage so formuliren, sind wir im Stande, dieselbe auf Grund viel zuverlässigerer Daten zu beantworten. Wir haben dann nur die Verkehrsdaten der Weizen ausführenden Staaten, also vollkommen präzise und zuverlässige Daten, zu benutzen, und wir werden der Erntestatistik nur in beschränktem Mafse, lediglich in Bezug auf jene vorgeschrittensten Kulturstaaten bedürfen, in welchen auch diese Zahlen am besten kontrolierbar sind, demnach von der Wahrheit am wenigsten abweichen können.

Wir können aus unseren Berechnungen die italienische und spanische Halbinsel eliminieren, deren Statistik namentlich in Bezug auf die ältere Zeit wenig verlässlich, deren Weizenausfall beziehungsweise Weizeneinfuhr seit Jahrzehnten nur mäfsig gestiegen ist. Die Wirkung dieses Faktors wird reichlich dadurch aufgewogen, dafs wir auch den Weizenexport der Balkanstaaten aufser acht lassen, trotzdem derselbe in den letzten 25 Jahren um etwa 10 Millionen Meterzentner zugenommen [1]. Desgleichen lassen wir die skandinavischen Staaten und jene kleineren Export-

---

[1] Der Weizenexport Rumäniens betrug von 1880 bis 1884 durchschnittlich 4,4, von 1885 bis 1887 5,3, von 1880 bis 1890 12,55 Millionen Hectoliter; die Steigerung beziffert sich daher in Rumänien allein innerhalb 10 Jahren auf 8 Millionen Hectoliter.

Gebiete fort, deren Weizenumsatz aus dem Gesichtspunkte des Weltverkehrs ganz belanglos ist. Endlich lassen wir aus beiden Gruppen der landwirtschaftlichen Gebiete auch das gemeinsame Zollgebiet aufser Betracht. Den Weizenverkehr des letzteren werden wir später eingehend erörtern; seine Daten werden das Bild der Lage des Konsumtionsmarktes, das die weiter unten folgende Tabelle entrollt, ergänzen.

Der erste Teil dieser Tabelle zeigt den Export der für die Weizenausfuhr entscheidende Bedeutung besitzenden Territorien, hinsichtlich deren ich bemerken mufs, dafs in dieser Summe auch jenes Quantum enthalten ist, welches nach einzelnen, Weizen konsumierenden Staaten der Amerikanischen Union ausgeführt wird. Zu meinem Bedauern standen mir die betreffenden Daten nicht zur Verfügung, damit ich diesen Faktor eliminiere, soviel jedoch kann konstatiert werden, dafs derselbe seit Jahrzehnten einige Millionen repräsentiert und nicht wesentlich gestiegen ist, so dafs die Ergebnisse unserer Tabelle wesentlich nicht alteriert werden können [1]).

Der zweite Teil der Tabelle zeigt die natürliche Steigerung des Weizenbedarfs des Konsumtions-Gebietes und erheischt einige Erläuterung. Das fragliche Gebiet umfafst Grofsbritannien, Frankreich, Deutschland, Belgien, Holland und die Schweiz. Für jeden dieser Staaten mufs gesondert auf Grund der Volkszählung des Jahres 1890 und des durchschnittlichen Weizenverbrauchs in dem Dezennium 1885—1894 der Weizenkonsum per Kopf berechnet werden. Der Verbrauch per Kopf multipliziert mit der Zunahme der Bevölkerung ergiebt von zehn zu zehn Jahren die natürliche Steigerung des Weizenbedarfes.

---

[1]) Wir wissen, dafs in der Zeit vor dem Jahre 1870 aus den Vereinigten Staaten sehr geringe Quantitäten Weizen nach Europa eingeführt wurden; der Export dieser Periode (jährlich 11 Millionen q) bewegte sich gröfstentheils nach anderen Gebieten. Dagegen übersteigt die Ausfuhr der grofsen Exportländer die Einfuhr des als Grundlage unserer Untersuchungen dienenden Konsumtions-Gebietes in der Zeit 1890—1894 um jährlich 6,8 Millionen q. Soviel also kann jenes Quantum betragen, welches seinen Weg nicht nach Europa nimmt.

8 Giebt es eine Überproduktion?

Das Resultat dieser Berechnung ist das folgende:

Namen des Staates.	Bevölkerung im Jahre 1890 in Millionen.	10jähriger Durchschnitt des Bedarfs an Weizen in Millionen hl.	Entfällt per Kopf in Hektolitern.	Zunahme der Bevölkerung in Millionen.			Steigerung des Weizenkonsums in Millionen hl.		
				1860—70	1870—80	1880—90	1860—70	1870—80	1880—90
Grofsbritannien	37,8	75	2	2,3	3,4	2,6	5	6,8	5,2
Frankreich ..	38	120	3,2	0,3	1,5	0,7	1	4,8	2,2
Deutschland .	49,4	36	0,75	3,1	4,4	4,2	2,3	3,3	3,2
Belgien	6	15	2,50	0,4	0,5	0,5	1	1,2	1,2
Holland	4,5	6	1,3	0,2	0,5	0,5	0,2	0,7	0,7
Schweiz	3	6	2	0,1	0,2	0,1	0,2	0,4	0,2
Zusammen	144,7	258	—	6,6	10,5	8,6	9,8	17,2	12,7

Die jährliche, durchschnittliche, natürliche Steigerung des Weizenbedarfes des in Frage stehenden Gebietes ist also die folgende:

Von 1860 bis 1870 1 Million hl oder 0,8 Millionen q.
„   1870 „ 1880 1³/₄ „   „   „ 1,4 „   „
„   1880 „ 1890 1¹/₄ „   „   „ 1   „   „,

für die folgenden Jahre kann diese Steigerung etwas höher gerechnet auf 1¹/₂ Millionen hl oder 1,2 Meterzentner veranschlagt werden.

Das vorausgeschickt, sehen wir nun zu, was die andere Tabelle besagt:

Periode.	Weizenausfuhr						Export.	Westeuropäischer Bedarf.	Plus.
	Russland.	Ostindien.	Vereinigte Staaten.	Kanada.	Argentinien.	Zusammen.	Steigerung seit 1860.		
	Millionen Meterzentner.								
1852—61 Durchschnitt	6,7	—	8,9	—	—	15,1	—	—	—
1862—71 „	13,3	—	13,5	—	—	26,8	11,7	8	3,7
1872—76 „	19,2	0,8	27,3	—	—	47,3	32,2	15	17,3
1877—81 „	23,1	3	46,4	2		74,5	59,4	22	37,4
1882—86 „	26	12,1	43	2		83,1	68	27	41
1887	18,1	14,6	54	2,6	3	92,3	77,2	28	49,2
1888	27,5	8,9	42	1,2	2,2	82	66,9	29	37,9
1889	44,4	11,5	31	0,2	0,3	87,4	72,3	30	42,3
1890	37,7	9	38	0,8	3,4	88,9	73,8	31	42,7
1891	29,9	7,5	27,1	1,5	4,1	70,1	55	32,2	22,8
1892	14,6	15,6	58,4	4,1	4,9	97,5	82,5	33,4	49,1
1893	27,1	7,9	49,2	4,5	10,5	99,2	84,1	34,6	49,5
1894	35,1	6,6	42,1	4,4	16,5	104,7	89,6	35,8	53,8
1895	40	7,5	35	6	10	98,5	83,4	37	46,4

Wir sehen also, dafs die überseeische Konkurrenz den europäischen Markt jährlich mit 80 bis 90 Millionen Meterzentner Weizen mehr überschwemmt, als im Durchschnitt des Jahrzehnts vor 1861, dem gegenüber die natürliche, im Verhältnisse zur Bevölkerungszunahme stehende Erhöhung des Bedarfes nur auf 37 Millionen Meterzentner veranschlagt werden kann. Es ergiebt sich demnach ein Überschufs von beiläufig 50 Millionen, der nur durch die Reduktion der Preise und der damit verbundenen Steigerung des Konsums Verwendung finden konnte.

Wie die obige Tabelle zeigt, ist dieser riesige Überschufs nicht im Wege einer gleichmäfsigen Steigerung entstanden. Er fluktuiert nicht nur je nach der besseren oder schlechteren Ernte der einzelnen Jahre, sondern er folgt in seinen Dimensionen in höchst frappanter Weise der Gestaltung der Getreidepreise.

Bis zum Jahre 1871 überschreitet er um ein Geringes die natürliche Steigerung des Bedarfes und einige Millionen Meterzentner finden in diesen Tagen der zunehmenden Wohlhabenheit bei mäfsiger Erhöhung des Konsums per Kopf auch ohne Preisnachlafs ein Placement.

Während der siebziger Jahre steigt die Weizeneinfuhr um nahe an 50 und der Überschufs um 34 Millionen. Diese Periode fällt aber mit allgemeinen schlechten europäischen Ernten zusammen; auch der Londoner Weizenpreis zeigt nur in der zweiten Hälfte des Jahrzehnts einen wesentlicheren Rückgang, auf dem Kontinente aber erhebt sich derselbe 1873—74 fast auf Notstandshöhe und verharrt bis zum Beginn der achtziger Jahre auf rentablem Niveau. Diese Konjunktur dient der Ausbreitung der Weizenproduktion als riesiger Ansporn; auf den Märkten Europas erscheint der Weizen aus neuen und noch neueren Gebieten und der Überschufs steigt im Durchschnitt von 1882—86 auf 41, im Jahre 1887 auf 49 Millionen. In dieser Periode jedoch begegnet die Zunahme des Importes den höheren Erträgen guter europäischer Ernten und es tritt die erste gröfsere Preisreduktion ein, die nicht nur den europäischen Landwirt mit dem Ruine bedroht, sondern auch den Ertrag der neuen Territorien auf ein Minimum reduziert. Unter dem Einflusse dieses Umstandes verfällt die überseeische Produktion in Stagnation, zeigt die Ausfuhr nach dem westlichen Europa einen entschiedenen Rückfall, und der Überschufs, der im Jahre 1887 bereits 49 Millionen betrug, fällt in den nächstfolgenden Jahren auf 37, 42, 42, endlich im Jahre 1891 auf 22 Millionen herab. Dieses Jahr aber bezeichnet wieder einen Wendepunkt. Unter der gemeinschaftlichen Wirkung einer schwächeren Ernte und des abnehmenden Exportes tritt um die Mitte des Jahres 1891 eine namhafte Preissteigerung ein, und unsere Landwirte erfreuen sich etwa ein halbes Jahr lang solcher Getreidepreise, die an die guten alten Zeiten gemahnen. Leider war diese Freude nicht von langer Dauer; der hohe Preis diente der überseeischen Produktion wieder als Impuls, die Weizeneinfuhr nach Europa nimmt nie geahnte Dimensionen an, welche den Import des Jahres 1887 weit hinter sich läfst, und der Weizenpreis sinkt wieder auf das Niveau der schlechtesten Periode vor 1891. Sowohl die Steigerung der Einfuhr als auch der Rückgang der Preise kulminieren in der Campagne 1894/95. Der Preis eines hl Weizen in London, der von 1840 bis 1880 um 11 Gulden herum schwankt, beträgt

1881 bis 1888 durchschnittlich	. . .	8 fl.	42 kr.
1886 bis 1890	„	. . .	6 „	56 „
1891 Januar	„	. . .	6 „	85 „
1891 Juli	„	. . .	8 „	26 „
1892 Januar	„	. . .	7 „	73 „
1892 Juli	„	. . .	6 „	26 „
1893 Januar und Juli	„	. . .	5 „	46 „
1894 Januar und Juli	„	. . .	5 „	28 „
1894 20. Oktober	„	. . .	3 „	67 „
1895 Januar	„	. . .	4 „	36 „
1895 April	„	. . .	4 „	15 „

Der Preisfall erreichte am 20. Oktober 1894 den tiefsten bisher bekannten Stand; während 1895 in Folge der Abnahme der überseeischen Ausfuhr eine geringfügige Reaktion eintritt und der Preis eines hl Weizen sich auf 5 fl. 38 kr. erhöht.

Auch die Produktions-Statistik Nordamerikas wirft ein helles Licht auf diesen Zusammenhang der Preisbewegung mit der überseeischen Konkurrenz:

Das mit Weizen bebaute Territorium der Vereinigten Staaten wird von 1877 bis 1880, mithin in vier Jahren von 26 Millionen

Acre auf 38 Millionen vergröfsert und verharrt bis 1884 in dieser Dimension. Von 1885 bis 1890 reduziert es sich auf etwa 37 Millionen, steigt dagegen 1891 auf 40 Millionen, um dann 1892 auf 38 $1/2$, 1893 auf 34 $1/2$, 1894 auf 34 Millionen verringert zu werden.

Es geht somit aus unseren bisherigen Untersuchungen klar hervor, dafs die Konkurrenz der überseeischen Staaten in einem Mafse auftritt, welches die natürliche Steigerung des Weizenbedarfes weit überschreitet, oder dafs es in diesem einzig richtigen Sinne eine Überproduktion giebt, gleichwie wir auch gesehen haben, dafs die Intensität dieser Überproduktion in den Fluktuationen der Weizenpreise zu entsprechendem Ausdruck gelangt.

Und die Wirkung dieser Konkurrenz auf die Preisbildung manifestiert sich nicht allein in der gelieferten Menge, sondern auch darin, dass die Transportkosten des überseeischen Weizens wesentlich gefallen sind. Die Reduktion der Transportkosten in solch riesigem Umfange ist heute für den europäischen Landwirt eine der schwersten Heimsuchungen des Schicksals. Die Fracht aus den am entferntesten gelegenen Weizengebieten nach England ist während der letzten 20 Jahre um 3 bis 4 Gulden per Meterzentner geringer geworden. Die Hälfte der eingetretenen Preisverminderung wird durch diesen Umstand allein begründet und erklärt.

Die Behauptung der Bimetallisten, dafs es keine Überproduktion giebt, dafs dieselbe die Depression der Preise nicht verursacht habe, ist demnach nicht richtig. Dieser negative Teil ihrer Argumentation wird durch die Logik der Thatsachen widerlegt. Die Frage ist nur die: ob sie in dem positiven Teile derselben nicht doch einigermafsen im Rechte sind, dafs die Einführung der Goldvaluta teilweise zu der allgemeinen Preisdepression beigetragen habe?

Diese Frage können wir erst nach einer Übersicht der Produktionsverhältnisse der Edelmetalle beantworten.

Goldvaluta und Preisrückgang.

I.

Die Produktionsverhältnisse des Goldes und des Silbers von der Entdeckung Amerikas bis auf unsere Tage werden in der nachstehenden Tabelle dargestellt.

Periode.	Gesamt-produktion.		Jahres-produktion.		Geldwert der Jahres-produktion.		
	Silber.	Gold.	Silber.	Gold.	Silber.	Gold.	Zusammen.
	1000 Kilogramm.				Millionen Frank[1].		
1493—1600 . . .	22 834	754	213	7,5	47,5	24,3	71,8
1601—1700 . . .	37 234	912	372	9,1	82,7	31,4	114,1
1701—1800 . . .	57 034	1 900	570	19	126,7	65,4	192,1
1801—1840 . . .	24 919	637	623	15,9	138,4	54,9	193,3
1841—1850 . . .	7 804	547	780	54,7	173,4	188,6	362
1851—1860 . . .	8 955	2 018	895	201,8	199	695	894
1861—1870 . . .	12 201	1 885	1 220	188,5	271	649	920
1871—1880 . . .	22 098	1 717	2 209	171,7	491	591	1082
1881—1883 . . .	8 257	459	2 752	153	612	515	1127
1884—1887 . . .	11 278	634	2 819	158,5	627	546	1173
1888—1890 . . .	11 420	522	3 807	174	846	600	1446
1891	4 492	181	4 492	181	999	624,4	1623,4
1892	4 729	197	4 729	197	1051	678	1729
1893	5 138	226	5 138	226	1140	780	1920
1894	5 183	258	5 183	258	1150	888	2038
1895	5 —	285	5 —	285	1100	980	2080

[1]) Den Geldwert der Edelmetalle drücke ich mit dem Frank aus, weil derselbe bimetallistisches Geld ist und sein Metallgehalt sowohl in Silber wie in Gold durch das Gesetz festgestellt ist. Freilich entspricht dieser Wert des Silbers dem Wertverhältnisse von 15,5.

Die bekannte Welt verfügte zur Zeit der Entdeckung Amerikas über sehr geringe Vorräte an Gold und Silber im Vergleiche zu den heutigen. Man veranschlagt dieselben gemeinhin auf eine Milliarde Frank. Auf welcher Grundlage, wäre allerdings sehr schwer zu sagen. Wie grofs immer dieselben gewesen sein mögen, so viel ist zweifellos, dafs das amerikanische Edelmetall und zwar im Anfang hauptsächlich der Silberbergbau, welcher die Geldvorräte Europas im XVI. Jahrhundert um beiläufig 70 Millionen Frank jährlich vermehrte, im Werte des Geldes eine förmliche Revolution hervorgerufen und den Preis der Produkte auf das Fünffache erhöht hat. Die Förderung der Edelmetalle zeigt auch in den beiden folgenden Jahrhunderten eine Steigerung, der jährliche Durchschnitt im XVII. Jahrhundert beträgt 114 Millionen, im XVIII. Jahrhundert 192 Millionen und die Steigerung der Preise ist, wenngleich in wesentlich geringerem Mafse, auch in dieser Periode wahrnehmbar.

Mit dem Ende des vorigen Jahrhunderts beginnt die Zeit der epochemachenden Erfindungen, die alle Verhältnisse der Industrie und des Verkehrs von Grund auf erschüttern und umgestalten. An die Stelle der Handarbeit treten die Maschinen, die Erzeugung der Massengüter geht auf die Fabriksindustrie über, die Errungenschaften der Technik potenzieren die Erzeugungsfähigkeit und vermindern die Erzeugungskosten, während die Verwendung des Dampfes auf dem Gebiete des Verkehrs die Entfernungen aufhebt und den Produkten bisher vollkommen verschlossener Erdteile den Weltmarkt eröffnet. Es entsteht dadurch auf der ganzen Linie der wirtschaftlichen Verhältnisse eine förmliche Revolution, die zahlreiche Existenzen in das Elend stürzt, und während einer schweren Epoche des Übergangs ganze Klassen den härtesten Prüfungen aussetzt, die Produktion, den Verkehr und die Konsumtion aber in bisher ungeahnten Dimensionen entwickelt und auf diese Weise den Grund zu einer besseren Zukunft legt. Schon in der ersten Hälfte des XIX. Jahrhunderts wächst der Geldbedarf rapid, während die Edelmetallproduktion von 1801 bis 1840 mit einem Werte von 193 Millionen Frank jährlich auf dem Niveau des vorigen Jahrhunderts verharrt. Dieser Umstand verursacht Geldmangel und auch einige Depression der Preise, die namentlich in den dreifsiger Jahren und in der ersten Hälfte der vierziger Jahre wie eine Heimsuchung empfunden wird; allein mit dem Aufschwung des Bergbaues im Ural, durch welchen die jährliche Produktion an Edelmetall in der Zeit von 1841 bis 1850 auf 362 Millionen Frank sich erhöht, wird das Übel beseitigt. Eine gründliche Umwandlung jedoch ergiebt die Entdeckung der kalifornischen Goldgruben; die Goldproduktion vervierfacht sich innerhalb weniger Jahre und beträgt von 1851 bis 1860 jährlich 695 Millionen Frank gegenüber den 188 Millionen der Periode 1841—50 und den 54 Millionen der Epoche 1801—1840. Die Produktion von Gold und Silber zusammen beträgt 1851—60 durchschnittlich 804, 1861—70 920 Millionen Frank pro Jahr.

Diese enorme Steigerung der Produktion hält nicht nur mit dem Anwachsen des Geldbedarfes gleichen Schritt, sondern überflügelt denselben, es zeigt sich Geldüberflufs, Inflation, deren wertsteigernde Wirkung auf 25—30% veranschlagt wird.

Dieser riesige Aufschwung des Edelmetallbergbaues vermindert aber nicht nur die Kaufkraft der Edelmetalle, sondern übt auch einen tiefgehenden Einflufs auf das Wertverhältnis der beiden Metalle untereinander. Diese Relation wurde von der französischen Gesetzgebung, die den Bimetallismus zuerst einbürgerte, im Jahre 1803, den damaligen thatsächlichen Verhältnissen entsprechend, mit $1 : 15^1/_2$ festgestellt. Von diesem Zeitpunkte angefangen schwankte das Wertverhältnis der beiden Metalle unter der Wirkung des französischen Gesetzes um diese Ziffer. Wenn Gold gesuchter war, strömte das Silber in die französische Münze und das dafür empfangene Gold wanderte nach dem Auslande, die Verteuerung des Silbers wieder hatte das entgegengesetzte Verfahren zur Folge. Der riesige Vorrat Frankreichs an Edelmetallen war ein Reservoir für das weniger gesuchte Metall, und mit dem anderen wurden die Ansprüche des Weltmarktes befriedigt, so dafs der Wert keines von beiden dauernd über die gesetzliche Relation hinaus um mehr steigen konnte, als was die Ausprägung, die Einschmelzung und der Transport kosteten. So wandert das gesuchtere Gold in der ersten Hälfte des Jahrhunderts aus Frankreich, als aber mit der Ausbeutung der kalifornischen und australischen Goldfelder die Goldproduktion einen aufserordentlichen Aufschwung nimmt, vertauscht Frankreich einen grofsen Teil seiner aufgestapelten Silbervorräte mit Gold. Inzwischen aber ist auch in den Produktionsverhältnissen der beiden Metalle eine neue Umwandlung wahrnehmbar. Die Goldproduktion geriet in Stagnation, sogar in entschiedenen Rückgang und der Wert der jährlichen Produktion fällt von 695 Millionen Frank auf 649 Millionen (1861—70), bald auf 591 Millionen (1871—80), endlich auf 515 Millionen (1881—83). Der Silberbergbau dagegen hebt sich infolge der Entdeckung und Ausbeutung der amerikanischen Silbergruben in riesigen Dimensionen und schon zu Beginn der achtziger Jahre überschreitet derselbe den jährlichen Wert von 600 Millionen Frank.

Diese Umgestaltung der Verhältnisse fällt mit einer tiefgehenden Wendung in der Valuta-Politik der wichtigeren Staaten zusammen. Die in Kalifornien produzierten Goldmengen bieten die Möglichkeit des Überganges zur Goldvaluta auch in solchen Staaten, deren Geldsystem bisher auf dem Silber beruhte, und die Entwicklung der wirtschaftlichen Verhältnisse, die Belebung des Verkehrs erwecken den Wunsch nach dem Goldgelde. Dieses Metall, welches in derselben Quantität einen mehr als fünfzehnfachen Wert des Silbers repräsentiert, ist ein bequemeres, zweckmäfsigeres und geringere Kosten verursachendes Zahlungsmittel sowohl in dem mittleren, wie in dem grofsen Verkehr. Dabei werden mit der Ausbreitung des internationalen Verkehrs die Nachteile immer fühlbarer, mit denen die Abwickelung der Verpflichtungen zwischen zwei Wirtschafts-Gebieten verbunden ist, wenn dieselbe nicht mit dem gleichen, in beiden Gebieten die Rolle des Geldes spielenden Edelmetall geschehen kann. Der verwirrende und kostspielige Faktor des Agios, der Valuta-Spekulation, kann wenigstens aus dem internationalen Verkehre der Kulturstaaten nur in der Weise eliminiert werden, wenn dasselbe Edelmetall die Grundlage ihres Geldsystems bildet.

Unter dem Einflusse dieser Gründe entsteht schon um die Mitte der sechziger Jahre eine allgemeine Bewegung zur Einbürgerung der Goldvaluta, die Gesetze und Mafsnahmen einzelner Staaten, internationale Konferenzen und Abmachungen bereiten diese grofse Aktion vor. Vorerst jedoch bleibt alles auf dem Papier und die praktischen Nachteile der Lage sind bis zum Beginne der siebziger Jahre wenigstens keine unerträglichen.

England bedarf in dem Verkehre mit dem Orient grofser Quantitäten Silber. Solange die Silberproduktion diese Summe nicht wesentlich überschritt und sowohl dieser Überschufs als auch das aus dem mitteleuropäischen Verkehr gewonnene Silber in Frankreich gegen Gold umgetauscht werden konnte, erfuhr das Wertverhältnis der beiden Edelmetalle keine namhafte Veränderung, und die internationalen Zahlungen konnten ohne gröfsere Verluste geleistet werden. Zu Beginn der siebziger Jahre indessen ändert sich diese Sachlage sehr gründlich. Die anwachsende Silberproduktion wirft von Jahr zu Jahr gröfsere Überschüsse auf den Weltmarkt, deren Placierung die französischen Goldvorräte empfindlich angreift. Als nun gar Deutschland die Einführung der Goldvaluta beschliefst (Dezember 1871) und die Demonetisierung des Silbers thatsächlich in Angriff nimmt (Juli 1873), wird die lateinische Münzunion mit riesigen Quantitäten Silber überschwemmt. Die Silbervorräte Frankreichs vermehren sich von 1870 bis 1875 um beiläufig eine Milliarde Frank, und um sein Gold nicht bis auf das letzte Körnchen zu verlieren, ist es schon im Jahre 1876 genötigt, die Prägung von Silbergeld einzustellen. Von diesem Zeitpunkte angefangen erscheint die Doppelvaluta thatsächlich beseitigt, auch die lateinische Münzunion geht zur hinkenden Valuta über, die Relation $1:15^{1}/_{2}$ wird zur leeren Fiktion. Ganz Europa verschliefst dem Silber seine Münzstätten, Deutschland und Skandinavien werfen sogar nahezu 1000 Millionen Frank demonetisiertes Silber auf den Markt.

Die Silberproduktion aber steigt unaufhaltsam weiter und überschreitet im Durchschnitt der neunziger Jahre das Doppelte der Produktion der siebziger und das Fünffache der fünfziger Jahre.

Diese Verhältnisse haben naturgemäfs eine starke Preisverminderung des Silbers zur Folge. Dieser Preisfall ist bis zum Schlusse des Jahres 1874 ein sehr unbedeutender; seine weitere Entwickelung von 1875 angefangen und verglichen mit der Steigerung der Silberproduktion zeigt die nachstehende Tabelle:

Periode.	Silberproduktion in 1000 Kilogramm.	Londoner Silberkurs[1]).	Preisrückgang des Silbers gegenüber der Parität von 60⅞.
1875	1969	56 ⅞	6,5 %
Durchschnitt 1876—78	2450	52 ¹¹/₁₆	13,5 %
„ 1879—82	2681	51 ¹¹/₁₆	15 %
„ 1883—84		50 ¹⁰/₁₆	17 %
1885		48 ⅚	20 %
1886	2819	45 ⅜	25,5 %
1887		44 ⅝	27 %
1888		42 ⅞	29,5 %
1889	3807	42 ⅝	30 %
1890		47 ¹¹/₁₆	21,6 %
1891	4492	45 ¹/₁₆	26 %
1892	4729	39 ¹⁵/₁₆	35 %
1893	5138	35 ⅜	41 %
1894	5183	28 ¹⁵/₁₆	52,5 %
1895	5. ?	29 ⅞	51 %

Diese Tabelle beleuchtet die Frage höchst lehrreich, inwieweit der Preisfall des Silbers der Einführung der Goldvaluta zugeschrieben und auf die Verteuerung des Goldes gefolgert werden könne. Die auf die Demonetisierung des Silbers abzielenden Mafsregeln, die Silberverkäufe inbegriffen, sind bis 1879 abgeschlossen, die Staaten mit Doppelvaluta haben die Silberprägung bereits 1876 sistiert, der einzige Markt für das jährlich produzierte Silber ist der Orient, ja auch bei der Versorgung dieses Marktes war jenes Quantum, dessen gröfster Teil von 1876 bis 1878 zum Verkaufe gelangte, der Konkurrenz des demonetisierten Silbers ausgesetzt. Wenn wir nun auch die andauernde Entwickelung der Silberproduktion in Betracht ziehen,

---

[1]) Der Preis einer Unze Silber in Penny ausgedrückt, der Relation 15,5 entsprechen 60⅞.

welche im Durchschnitt dieser drei Jahre auf das Doppelte des Durchschnittes der sechziger Jahre (1 200 000 kg) gestiegen ist, müssen wir es natürlich finden, dafs in dem Werte des Silbers eine wesentliche Verminderung eintreten mufste und wir haben die Preisdifferenz von 13,5 % sicherlich ihrem vollen Umfange nach der Verwohlfeilung des Silbers und nicht der Verteuerung des Goldes zuzuschreiben.

Vom Jahre 1879 angefangen hören die Demonetisierungen in Europa auf, während in Amerika die zu Gunsten des Silbers eingeleitete Bewegung beginnt sich geltend zu machen. Die Regierung der Vereinigten Staaten lässt auf Grund der Bland-Bill jährlich 130—140 Millionen Frank Nominal Silberdollars ausprägen. Diese Summe konsumiert jedoch höchstens nur die Differenz zwischen der Produktion der siebziger und achtziger Jahre und die der Gesamtproduktion des vorausgegangenen Jahrzehnts entsprechende Quantität bleibt auf den Orient, als auf den einzigen Markt angewiesen. Um dieselbe Zeit macht die Zahlungsbilanz des wichtigsten Silbermarktes, Ostindiens, eine wesentliche Umwandlung durch, und infolge der fortwährenden Steigerung der insbesondere in England zu leistenden Zinsenzahlungen und anderer Verpflichtungen erfährt die Silbereinfuhr nach Ostindien eine namhafte Verminderung[1]. Die Unverhältnismäfsigkeit zwischen Angebot und Nachfrage des Silbers nimmt unausgesetzt zu. Der Preis des Silbers fällt fortwährend und zeigt am Schlusse der achtziger Jahre eine Verschlechterung von 30 %.

Da tritt eine überraschende Wendung ein. Die Silberproduktion nimmt abermals einen rapiden Aufschwung, die Ausbeutung neuer Gruben von fabelhaftem Reichtum verschafft den glücklichen Besitzern ein beispielloses Vermögen. Das aber bedeutet eine grofse Macht in dem öffentlichen Leben der Vereinigten Staaten. Unter ihrer Führung, in ihrem Interesse, mit Hilfe der von ihnen mobilisierten und organisierten Farmer tritt die Bewegung zu Gunsten des Silbers mit erneuter Kraft hervor,

---

[1] Jahresdurchschnitt von 1864 bis 1873 195, von 1874—83 145 Millionen Frank.

welche mit einer, alle europäischen Vorstellungen und Dimensionen überflügelnden Agitation und Bestechung die Sherman-Bill durchsetzt, durch welche die Regierung ermächtigt wurde, vom Juli 1890 angefangen, monatlich Silber im Werte von etwa 30 Millionen Frank in Dollars auszuprägen.

Diese Aktion der Gesetzgebung wird von einer wilden Börsenspekulation in Silber und Silberminenwerten begleitet. Der Preis des Silbers scheint für kurze Zeit dem alten Parikurse sich zu nähern und zeigt im Durchschnitt des Jahres 1890 nur eine 21,6%ige Abweichung von demselben; allein die Silberproduktion — angespornt durch die Steigerung des Silberpreises — nimmt von Jahr zu Jahr in solch riesigen Dimensionen zu, dafs angesichts derselben die Gegenwirkung der Sherman-Bill nahezu verschwindet. Der Wert der Silberproduktion des Jahres 1893 übersteigt den Durchschnitt der Periode 1888—90 bereits um 300 Millionen Frank und um mehr als 500 Millionen denjenigen der Epoche 1884—87. Dem gegenüber bleibt die Thatsache vollständig wirkungslos, dafs Amerika beiläufig 200 Millionen jährlich mehr Silber kauft, als auf Grund der Bland-Bill erworben wurde. Schon am Ende des Jahres 1890 tritt die Reaktion auf dem Silbermarkte ein und der Silberpreis zeigt in den nächsten 3 Jahren eine Verminderung von 26, 35, 41%.

Amerika wird durch die im Interesse des Silbers entfaltete Aktion in eine volkswirtschaftliche Krise getrieben. Die Regierung der Vereinigten Staaten kauft seit 1879 mehr als 3000 Millionen Frank Nominalsilber, von welchem Betrage 1150 Millionen auf die der Annahme der Sherman-Bill gefolgten drei Jahre entfallen. Das auf Grund des Silbers ausgegebene Papiergeld überschwemmt den Markt, verdrängt das Gold und die rapide Abnahme der Goldvorräte beschwört eine Panik herauf, welche die gesammte Volkswirtschaft Amerikas erschüttert. Es bleibt nichts anderes übrig, als die vollständige Einstellung der Silberkäufe.

Im November 1893 wird diese Mafsregel ergriffen und sie giebt dem Silberpreise den Gnadenstofs. Derselbe fällt rapid auf die Hälfte des alten Parikurses, sogar unter dieselbe und schwankt in den letzten Jahren zwischen 44—52 %[1]).

Die Differenz des Wertes von Gold und Silber verdoppelte sich demnach innerhalb der seit der Demonetisierung des Silbers verflossenen zwanzig Jahre. Die Frage ist nur: ob das ausschliefslich der Entwertung des Silbers auf die Rechnung zu stellen sei oder ob wir daraus auch eine Folgerung auf die Verteuerung des Goldes ableiten können? Ich glaube, das bisher Gesagte enthält die Antwort auf diese Frage.

In den zwei Jahrzehnten vor der deutschen Valutareform, zu einer Zeit also, in der das Silber auch die Grundlage eines grofsen Teiles der europäischen Geldsysteme bildete, schwankte die jährliche Silberproduktion um 1 Million Kilogramm; heute übersteigt sie 5 Millionen Kilogramm. Die Produktion verfünffachte sich gerade in einer Periode, in der die Verwendung des frisch produzierten Silbers als Geld ausschliefslich auf den Orient beschränkt war. Darin, und nicht in der Valutareform, liegt die wahre Ursache des Preisfalls des Silbers; die Demonetisierung beschleunigte nur den Ausbruch. Wenn Deutschland und die seinem Beispiele folgenden kleineren Staaten die Silbervaluta beibehalten und wenn die bimetallistischen Staaten die freie Silberprägung nicht eingestellt hätten, wäre die Wertrelation 15,5 noch einige Jahre länger erhaltbar geblieben. Der Goldvorrat der lateinischen Münzunion hätte noch einige Jahre für den Eintausch der Silberüberschüsse ausgereicht, er wäre aber dann bis auf den letzten Louisd'or gegen Silber erschöpft worden. Die Doppelvaluta wäre infolge des vollständigen Ausströmens des Goldes thatsächlich in eine Silbervaluta umgewandelt worden und unaufhaltsam wäre die durch die Überproduktion des Silbers verursachte Depression eingetreten.

Die Thatsache, dafs nahezu 1000 Millionen Frank Nominal demonetisierten Silbers auf den Markt gebracht wurden, kann bei dem heutigen Umfange der Produktion nur die Bedeutung einer Episode in Anspruch nehmen. Überschreitet doch der Nominalwert der Produktion eines Jahres beinahe mit der gleichen

---

[1]) Der niedrigste Kurs mit 27 Penny wird im Jahre 1895 verzeichnet.

Summe den Durchschnitt der sechziger Jahre. Man mufs vielmehr darüber staunen, dafs das Silber bis in die jüngste Zeit nicht noch mehr als 30 % seines ursprünglichen Wertes eingebüfst hat, und wir haben gar keine Ursache, den Grund dieses Wertverlustes und des auf die Abschaffung der Sherman-Bill gefolgten Preisfalles in etwas anderem, als in der natürlichen Veränderung des Verhältnisses zwischen Angebot und Nachfrage des Silbers zu suchen.

II.

Wenn aber der Preisfall des Silbers keinen Anhaltspunkt bietet, um daraus auf die Verteuerung des Goldes zu schliefsen, sehen wir einmal zu: ob die viel erwähnte allgemeine Preisdepression zu dieser Annahme berechtigt?

Die zuverlässigsten Materialien für die Beurteilung der allgemeinen Preisbildung sind auch heute noch die Index-Ziffern des englischen Economist. Wir wissen, dafs dieses Weltblatt 22 der wichtigsten Warengruppen des Weltverkehrs zum Gegenstande der fortwährenden Untersuchung ausgewählt, dabei die Durchschnittspreise der Periode 1845—50 für 100 genommen, und die Preisschwankungen der folgenden Jahre in prozentuellem Verhältnisse ausgedrückt hat. Die Summe der Verhältnisziffern dieser 22 Warenartikel verglichen mit 2200 als Summe der zum Ausgangspunkte genommenen Preise resultiert jenes Bild der allgemeinen Preisschwankungen, das der Wahrheit am nächsten kommt.

Nach der Zeugenschaft der Tabelle auf Seite 22 nimmt die Steigerung der Preise schon mit dem Beginn der fünfziger Jahre ihren Anfang. Sie schnellt im Jahre 1857 mit 35% in die Höhe, fällt aber wieder auf 19% herab. Während des nordamerikanischen Bürgerkrieges ist abermals eine bedeutende Preissteigerung zu konstatieren; das ist aber lediglich eine Folge des Umstandes, dafs von den 22 aufgenommenen Warengruppen fünf[1]) durch die Störung der amerikanischen Produktion und des Verkehrs eine abnorme Höhe erreichen. Die Einheitsziffer dieser fünf Artikel

---

[1]) Baumwolle, Pernambuccobaumwolle, Wolle, Baumwollgarn, Baumwollgewebe.

ist 1380 gegenüber 486 im Jahre 1858, d. h. von den Einheitsziffern finden 894 in ausnahmsweisen Umständen ihre Erklärung. Das in Betracht gezogen, fällt die Summe der Einheitsziffern auf 2674, die durchschnittliche Preissteigerung auf 21%. Die Wiederherstellung des Friedens bringt noch eine geringe Abnahme der Preise und der Durchschnitt der Jahre 1868—71 mit 117 ist als jenes normale Preisniveau zu betrachten, welches die durch den kalifornischen und australischen Goldbergbau hervorgerufene Geldfülle ergab.

Das Ergebnis[1]) dieser Tabelle ist das folgende:

Jahreszahl.	Summa der Verhältnisziffern von 22 Artikeln.	Durchschnittspreis im Verhältnisse zu 2200.	Durchschnittspreis im Verhältnisse zu den Preisen der Jahre 1868—71.
1845—50	2 200	100	—
1851	2 293	104	—
1857	2 996	135	—
1858	2 612	119	—
1865—1866 Durchschnitt	3 570	162	—
1868—1871 „	2 606	117	100
1872—1874 „	2 891	131	112
1875—1877	2 737	125	107
1878	2 529	115	98
1879	2 202	100	85
1880	2 538	115	98
1881—1883	2 384	108	92
1884	2 221	101	86
1885—1887	2 060	94	80
1888—1891	2 219	101	86
1892—1894	2 112	96	82
1895	1 923	83	71
1896	1 999	91	77

Die abermalige Preissteigerung der siebziger Jahre wird hauptsächlich durch das Zusammentreffen zweier Umstände bewirkt. Schlechte Ernten schnellen die Preise der Rohprodukte zu einer abnormen Höhe hinauf, die industriellen und Eisenbahn-Gründungen der sogenannten Gründerepoche treiben die Preise der

---

[1]) Ich habe nur solche Jahre in Durchschnitten zusammengefasst, bei deren Durchschnittspreisen sich keine wesentlichen Abweichungen ergeben.

Montanprodukte empor. Die Preise sind bis 1877 wesentlich höher als die normalen Preise der sechziger Jahre und die Preise der Jahre 1878 und 1880 kommen dem Niveau derselben am nächsten. Von da ab nimmt der Preisrückgang einen chronischen Charakter an; er scheint in den Jahren 1885—87 mit 94 zu kulminieren und der Durchschnittspreis der folgenden vier Jahre steht etwas über 100, aber nur um abermals desto tiefer zu sinken, 1895 fällt er auf 83, im laufenden Jahre steht er auf 91.

In dieser ganzen Preisentwickelung sind zwei Perioden zu unterscheiden. Die eine ist die Epoche der hohen Preise, die mit dem Beginn der fünfziger Jahre anhebt und 1880 abschliefst. Der erste Anstofs zur Steigerung der Preise ging zweifellos von der riesigen Zunahme der Edelmetallproduktion aus und das andauernd hohe Niveau der Preise erklärt sich wenigstens zum grofsen Teile aus der Verminderung der Kaufkraft des Geldes. Drei aufserordentliche Umstände, der Krimkrieg, der nordamerikanische Krieg und die Teuerung der siebziger Jahre ergeben die den Durchschnitt wesentlich überschreitende Preissteigerung. Wenn wir diese, durch ausserordentliche Verhältnisse herbeigeführten Preise eliminieren, finden wir, dass zwischen den Preisen der Jahre unmittelbar vor und nach dem amerikanischen Kriege und jenen am Ende der siebziger Jahre ein wesentlicher Unterschied nicht besteht. Der mittlere Preis der Jahre 1868—71 kann ungefähr als jener normale Durchschnittspreis angesehen werden, in welchem die Wirkung des Aufschwunges der Goldproduktion zum Ausdruck gelangt, und diesen können wir auch als Basis unserer weiteren Untersuchungen nehmen, die den Zweck verfolgen, den Zusammenhang der Demonetisierung des Silbers mit der Preisbewegung klar zu stellen.

Die letzte Rubrik unserer Tabelle vergleicht die seit 1880 fallenden Preise mit diesen Preisen und weist schon um die Mitte der achtziger Jahre einen 20, für 1896 einen 23 %igen Preisrückgang nach, stellt uns aber gleichzeitig vor die Lösung der schwierigen Frage, ob dieser allgemeine Rückgang der Preise der Verteuerung des Goldgeldes oder aber — wenigstens zum Teil — auch der Wirkung anderer Faktoren zuzuschreiben sei?

Sehr häufig begegnet man der Behauptung, dass der Preis des die Funktion des Geldes versehenden Materials in keiner anderen Form als in dem Preise aller anderen Waren zum Ausdruck gelangen könne, daher der allgemeine Rückgang der Preise unter allen Umständen mit der Verteuerung des Geldes gleichbedeutend sei. Ohne den abstrakten theoretischen Wert dieser Behauptung analysieren zu wollen, wird sie des praktischen Wertes durch den Umstand beraubt, dass eine wahrhaft allgemeine Preisstatistik zu den Unmöglichkeiten gehört. Zuverlässige Daten stehen nur in Bezug auf die Massengüter, die den Gegenstand des grofsen kommerziellen Verkehrs bilden, zur Verfügung; all dasjenige, was an den Börsen nicht notiert wird, all dasjenige, was keinen öffentlich notierten Durchschnittspreis hat, kann nicht Gegenstand einer genauen Preisstatistik sein. Das gilt für den grössten Teil des Detailverkehrs, gilt auch für den Arbeitslohn, namentlich für die Entlohnung der qualifizierten Arbeit, für alle jene Erzeugnisse des Kunstgewerbes und die Schöpfungen der geistigen Beschäftigungen, durch deren Preise die in ihnen zum Ausdruck gelangende Geschicklichkeit, Findigkeit, Kunst oder intellektuelle Fähigkeit entlohnt wird.

Infolgedessen kann die Preisstatistik nur einen engeren Kreis von Waren umfassen und sie bietet auch nur für den Verkehr der Massengüter verlässliche Daten. Diese können daher kein Bild der allgemeinen Preisentwickelung bieten und ehe wir aus ihnen Schlussfolgerungen auf die Veränderung des Geldwertes ableiten, müssen wir wissen, ob darauf nicht auch die Veränderung anderer Faktoren der Preisbildung Einfluss genommen haben. Jede solche Veränderung des Preises, welche mit der entsprechenden Veränderung der Herstellungs- (Produktions- und Transport-) Kosten zusammenhängt, müssen wir diesem Umstande, und nicht der in der Kaufkraft des Geldes eingetretenen Veränderung zuschreiben, und die letztere wird nur durch die Veränderung der Preise solcher Waren bewiesen, bei denen die sonstigen Faktoren der Preisbildung unverändert geblieben sind.

Das ist es, was die Lösung der Frage gerade in unseren Tagen so überaus erschwert. Wo ist die Ware, deren Herstellungs-

und Transportkosten in der gegenwärtigen Epoche der entwickelten Technik, der neuen Entdeckungen, der Ausbreitung der Verkehrsinstitutionen sich nicht wesentlich geändert hätten, wo ist der Mensch, der zu sagen wüsste, in welchem Mafse inmitten der rapiden Umgestaltung unserer gesellschaftlichen und wirtschaftlichen Verhältnisse die Veränderung der Produktions- und Transportkosten auf die Preisbildung einzelner Waren Einfluss übt?

Aus dem Chaos der sich ändernden Verhältnisse tritt nur die Wirkung einer grossen Thatsache, eines grossen Gesetzes hervor: Der Wert des Menschen, der Arbeit steigt und es wächst ihre Macht über das Material. Es steigt also der Arbeitslohn auch bei den meisten Gattungen der gewöhnlicheren Arbeit, er steigt insbesondere dort, wo an die individuellen Fähigkeiten des Arbeiters höhere Ansprüche gestellt werden. Auf der ganzen Linie der Arbeit, sowohl bei der Entlohnung der industriellen wie der ausschliesslich geistigen Arbeit, ergeben sich riesige Unterschiede, je nach der Qualität und der Besonderheit des Arbeiters. Der menschliche Verstand stellt die Naturkräfte in den Dienst der Industrie, auf dem Gebiete der gewöhnlichen Arbeit werden die Muskeln des Menschen immer mehr von den durch Naturkräfte getriebenen Maschinen abgelöst, die Aufgabe des Menschen beschränkt sich auf die Regelung, Beaufsichtigung und Leitung der unter seine Herrschaft gebeugten Kräfte. Diese Thatsache steigert die Produktivität der Arbeit in riesigem Mafse; zur Herstellung desselben Industrieartikels bedarf man immer weniger der Menschenhand und deshalb ist — trotzdem der Wert der Arbeit steigt, der tägliche Erwerb des Arbeiters wächst — die Beschaffung der zur Erzeugung derselben Quantität Ware erforderlichen Arbeit wohlfeiler, wird die Rubrik „Arbeit" der Erzeugungskosten immer geringer.

Überall, wo die menschliche Kraft durch Maschinenarbeit ersetzt werden kann, und im allgemeinen überall, wo wir durch eine rationellere, vollständigere Ausnutzung der Naturkräfte die Produktivität der Arbeit steigern können, somit auf dem Gebiete der Erzeugung von Massengütern, zeigen die Produktionskosten und infolgedessen die Preise eine weichende Tendenz; dagegen ist überall dort, wo die produzierte Ware einen individuellen Charakter besitzt, wo auch die Geschicklichkeit, der Geschmack und die Kunst des Menschen zur Geltung kommen, wo demnach die höheren Arten der Arbeit zum Ausdruck gelangen, so z. B. auf dem ganzen Gebiete der Kunstindustrie und der geistigen Beschäftigungen, eine steigende Preisentwickelung zu beobachten.

Es ist richtig, dass diese Verminderung der Produktionskosten der Massengüter in erster Linie bei der Industrie sich offenbart; für die Verwendung von Maschinen auf dem Gebiete der Landwirtschaft erschliesst sich die Gelegenheit in viel engerem Kreise. Die Technik und die Ausbreitung der Fachkenntnisse bieten uns jedoch auch hier die Möglichkeit, durch rationelles Vorgehen, durch vollkommenere Ausnutzung der Naturkräfte die Arbeit produktiver, die Erzeugung wohlfeiler zu gestalten. Jene grofse Umwandlung, welche gerade die ungarische Landwirtschaft während der letzten zwanzig Jahre erfuhr, welche die Produktionsdurchschnitte wesentlich erhöhte, in der Viehzucht und zwar sowohl in der Zucht wie in der Mästung ein produktiveres Verfahren einbürgerte, hat die Herstellungskosten eines Meterzentners Getreide oder eines Kilogrammes Fleisch zweifellos wesentlich verringert; verdanken wir es doch hauptsächlich diesem Umstande, dass der Preisfall der achtziger Jahre uns nicht zu Grunde richtete. Wenn irgendwer diese meine Behauptung in Zweifel ziehen wollte, so bitte ich den betreffenden, er möge jene Quantität der Fechsung, die er heute verkauft, mit den Preisen der siebziger Jahre multiplizieren; er wird sehen, welch' märchenhaften Ertrag er zu den alten Preisen aus seiner Wirtschaft ziehen könnte, während dazumal dieselben hohen Preise über die Produktionskosten hinaus nur ein mäfsiges Einkommen ergaben.

Jene Waren, auf welche der Economist seine Durchschnitte basiert, sind ohne Ausnahme Massengüter und zum überwiegenden Teile Rohprodukte. Unter den 22 Warengruppen gehören 7, nämlich Weizen, Zucker, Hanf, Fleisch, Talg, Leder, Wolle, zu den wichtigen Rohprodukten der europäischen und überseeischen Landwirtschaft, 4, und zwar Baumwolle, Pernambuccobaumwolle Baumwollgarn und Baumwollgewebe sind das Rohmaterial, Halbfabrikat und Fabrikat der Textilindustrie; ihre Preisgestaltung hängt hauptsächlich mit den amerikanischen Produktions- und Transportverhältnissen zusammen. Ausschliesslich kolonial und auf einem verhältnismässig beschränkten Gebiete herstellbar sind 4 Artikel: Kaffee, Thee, Tabak und Indigo. Weitere 4 Artikel (Eisen, Kupfer, Blei und Zink) sind Produkte der Bergwerks- und Hüttenbetriebe; die weiteren Artikel endlich: Bauholz, Rohseide und Öl, sind keiner dieser Kategorien einzureihen.

Wenn wir nun die Preise dieser Artikel einzeln untersuchen und die Preise vom 1. Januar 1896 mit jenen des 1. Januar 1870 vergleichen, so finden wir, dass der Löwenanteil des Rückganges auf die folgenden Artikel entfällt: Zucker (53), Thee (47), Weizen (33), Baumwolle (103), Seide (88), Hanf und Flachs (47), Öle (52), Pernambuccobaumwolle (87), Baumwollgarn (78) und Baumwollgewebe (59). Die Preisdifferenz dieser zehn Artikel macht zusammen 647 Einheitsziffern aus und ist mit der, in der Gesamtsumme der Einheitsziffern sich zeigenden Differenz (690) beinahe gleich. Von dieser Summe entfallen auf die mit der Textilindustrie zusammenhängenden Artikel allein 415 Einheitsziffern, was einzig und allein auf die in dem Preise der Baumwolle eingetretene grofse Veränderung zurückzuführen ist. Diese Preisveränderung aber findet darin ihre Erklärung, dass die mit der Baumwollproduktion sich beschäftigenden amerikanischen Südstaaten nach der Beendigung des Bürgerkrieges von der Sklavenarbeit zur freien Arbeit übergehen mufsten. Die Baumwollproduktion machte eine schwere, Jahre andauernde Krise durch und infolgedessen erreichte der Preis der Baumwolle eine Höhe, die das Preisniveau der von 1850 bis 1861 reichenden Periode weitaus überstieg. Der zum Ausgangspunkte dienende Preis der Baumwolle des Jahres 1870 belief sich auf 173 und war abnorm hoch, derselbe mufste mit dem Wiedereintritte normaler Produktionsverhältnisse verschwinden. Der bei Weizen und Zucker wahrzunehmende Preisrückgang hängt nicht allein mit der nachweisbaren Überproduktion, sondern auch mit der vollständigen Umgestaltung der Produktions- und Transport-Verhältnisse beider Artikel zusammen. Beim Weizen spielen namentlich die Transportmittel eine grosse Rolle. Dank der

Entwickelung der Seeschiffahrt und vor allem der Ausbreitung des Schienennetzes kommt der grösste Teil des Weizens, der heute ein Objekt des Weltverkehrs ist, aus Gebieten, in welchen die Kosten der Produktion auf ein Minimum reduciert werden können und die bei den Transportkosten erreichte Ersparniss an sich 20—25 Einheitsziffern repräsentiert. Gut zwei Dritteile des bei dem Londoner Weizenpreise eingetretenen Rückganges finden in der Herabsetzung der Transportspesen ihre Erklärung. Was aber den Zucker anlangt, ist es allgemein bekannt, dass nicht nur die Produktion von Zuckerrüben seit 1870 einen riesigen Aufschwung nahm, sondern dass auch die Fortschritte in der Fabrikation, insbesondere hinsichtlich der Steigerung des Zuckergehaltes der Rübe, auf die Produktionskosten von grossem Einfluss gewesen sind. Die Zuckerfabrikation brächte heute noch reichlichen Nutzen zu Preisen, welche diese Industrie noch vor zwanzig Jahren zu Grunde gerichtet hätten, und doch sichern die jetzigen gedrückten Preise noch immer den Bestand der gut situierten Fabriken. An der Herabdrückung des Londoner Zuckerpreises hat auch das wahnsinnige System der Ausfuhrprämien mitgewirkt, dessen Vorteile ausnahmslos den Konsumenten jener Länder zu gute kommen. die überhaupt keinen Zucker erzeugen.

Übergehend auf die Preise der bisher nicht aufgezählten 12 Artikel, sehen wir, dass der bei den Erzeugnissen der Montanindustrie wahrnehmbare Preisrückgang, der allerdings durchschnittlich 37%, bei dem wichtigsten Artikel: Eisen, jedoch nur 15% beträgt, in den durch die Verbesserungen im Betriebe des Berg- und Hüttenwesens und in der zufolgedessen bei den Produktionskosten erzielten Ersparnissen eine ausreichende Erklärung findet.

Unter den tierischen Produkten steigt frisches Fleisch mit 13, Leder mit 11 Einheitsziffern, Talg fällt mit 11, der Preis der Wolle bleibt in beiden Perioden gleich. Desgleichen verharrt Bauholz unverändert im Preise. Endlich fällt Indigo mit 28 Einheitsziffern, Kaffee und Tabak steigen mit 38, beziehungsweise mit 66.

Kann man nach einer gewissenhaften Prüfung dieser Daten behaupten, dass man aus denselben auf eine Verteuerung des Goldes folgern könne, oder müssen wir uns nicht vielmehr davon überzeugen, daſs ein namhafterer Preisrückgang nur bei solchen Artikeln eintritt, deren Produktions- und Transportverhältnisse eine gründliche Umwandlung durchgemacht haben? Ist es zulässig, aus diesen Erscheinungen auf eine fernerliegende Ursache zu schlieſsen, wenn man dieselben durch die Veränderung jener Faktoren erklären kann, die auf die Preisbildung einen unmittelbaren und entscheidenden Einfluſs üben?

III.

Wir werden in dieser Voraussetzung bestärkt, wenn wir diese Preistabellen mit den auf die Produktions- und Verkehrsverhältnisse des Goldes bezughabenden Daten vergleichen. Wenn die im Werte des Goldes eingetretene Veränderung die Depression der Preise verursacht hätte, so hätte die letztere mit den Veränderungen der Goldproduktion und mit jenen valutapolitischen Aktionen gleichen Schritt halten müssen, welche auf die Versorgung des Geldbedürfnisses der Welt von Einfluſs waren und den Bedarf an Goldgeld gesteigert oder vermindert haben.

Was die Goldproduktion anlangt, haben wir schon weiter oben gesehen, daſs dieselbe von 1860 bis 1883 eine fallende Tendenz verfolgt. Der Durchschnittswert der jährlichen Produktion fällt vom Durchschnitt der fünfziger Jahre per 695 Millionen Frank;

zwischen 1861—70 auf 649 Millionen Frank
„ 1871—80 „ 591 „ „
„ 1881—83 „ 515 „ „

Von da ab steigt derselbe wieder. Im Jahre 1891 nähert er sich dem höchsten bisher bekannten Durchschnitte, dann läſst er diesen weit hinter sich zurück und wird im laufenden Jahre aller Voraussicht nach eine Milliarde weit überschreiten. Damit erhebt er sich auf das Doppelte des Durchschnittes der Jahre 1881—83, beziffert er sich höher als die Summe der Gesamtproduktion an Gold und Silber in den fünfziger und sechziger Jahren, und ist für die nächsten Jahre eine weitere Steigerung vorauszusehen.

Was aber die wichtigsten Momente der Valutapolitik anlangt, wissen wir, daſs die Demonetisierung des Silbers am Ende der siebziger Jahre vollzogen wird, mit der Einstellung der Silberprägung in der lateinischen Münzunion und mit der Einlösung des mit Zwangskurs versehenen französischen und amerikanischen Papiergeldes zusammenfällt. In dieser Zeit eröffnet demnach nur der Orient einen Markt für Silber im Werte von etwa 250—300 Millionen Frank. Das gesamte laufende Geldbedürfnis der gebildeten Welt, die den Hartgeldumlauf acceptiert hat, muſs ausschlieſslich aus der auf 591 Millionen Frank gesunkenen Goldproduktion befriedigt werden, und überdies nimmt der Ersatz des aus dem Verkehr gezogenen Silber- und Papiergeldes ungefähr 2000 Millionen Frank in Anspruch.

Seit 1879 ergiebt sich kein wichtigeres Moment mehr auf dem Gebiete der Valutareform, nur Italien nimmt etwa 3—400 Millionen Frank Gold für die Einlösung des Papiergeldes in Anspruch, das jedoch infolge der verfehlten Bankpolitik alsbald wieder in das Ausland wandert. Es werden somit keine auſserordentlichen Ansprüche an das Gold erhoben, im Gegenteil, die Bland-Bill und die in Verbindung mit derselben im Jahre 1879 wieder aufgenommenen Silberprägungen deckten das Geldbedürfnis der Vereinigten Staaten zum Teile mit Silber. Für das laufende Gelbedürfnis der zivilisierten Welt liefern also von 1879 bis 1890 die Goldproduktion und die Bland-Dollars, von 1890 bis 1893 die Goldproduktion und die Sherman-Dollars, von 1893 bis auf Weiteres nur die Goldproduktion die Bedeckung.

Die für die Vermehrung der Geldvorräte und für die steigenden Ansprüche des Verkehrs zur Verfügung stehenden Summen betragen von 1875 bis 1880 jährlich 591 Millionen Frank, die jedoch überwiegend als Ersatz für das demonetisierte Silber und für das eingezogene Papiergeld notwendig sind; sie betragen ferner:

von 1881—1887 jährlich 530 Mill. Gold und 130 Mill Silber; zusammen 660 Mill.
„ 1888—1890 „ 600 „ „ „ 130 „ „ „ 730 „
„ 1891—1893 „ 694 „ „ „ 350 „ „ „ 1044 „
„ 1894 „ 888 „ „ — „ 888 „
„ 1895 „ 980 „ „ — „ 980 „ [1]

---

[1] In dieser Summe ist das für industrielle Zwecke verarbeitete Gold nicht inbegriffen. Dasselbe repräsentiert jedenfalls einen sehr namhaften

Diese Tabelle zeigt klar und deutlich, dafs der Goldmangel in der zweiten Hälfte der siebziger Jahre am schärfsten hätte hervortreten müssen und in dem ersten Drittel der achtziger Jahre ebenso fühlbar geblieben ist. Von 1887 ab mufs sich eine allmälige Besserung, nach 1890 eine Geldfülle von der gröfsten Dimension zeigen, woran selbst die etwas geringere Versorgung der letzten Jahre kaum etwas zu ändern vermag.

Thatsächlich bestätigen alle mit der Reichlichkeit oder mit der Verringerung der Goldvorräte zusammenhängenden Erscheinungen diese Annahme. Bis zum Schlufs der achtziger Jahre drückt sich in den Goldvorräten und in der Zinsfufspolitik sämmtlicher Notenbanken der Goldmangel und der Kampf um das Gold aus. Erst allgemach verliert diese Erscheinung an Intensität und während der letzten 7—8 Jahre verändert sich die Situation vollständig.

Dauernd zunehmende Goldvorräte ziehen den billigen und konstanten Zinsfufs nach sich, die sichtbaren Goldvorräte häufen sich rapid, und in den beiden letzten Jahren tritt die bisher beispiellose Erscheinung zu Tage, dafs die Goldvorräte der Bank von England den Banknotenumlauf dauernd und mit grofsen Beträgen (beiläufig 500 Millionen Frank) übersteigen, ein klarer Beweis dessen, dafs sich grofse Goldüberschüsse aufgehäuft haben, deren der Verkehr nicht bedarf.

Wenn also der Preis des Goldes überhaupt Einflufs auf die Preisdepression genommen hätte, so hätte dieselbe schon in den siebenziger Jahren entschieden hervortreten und etwa im Jahre 1885 kulminieren müssen. Von 1885 bis 1890 aber hätte eine langsame, sodann eine rapide Besserung Platz greifen müssen und unsere Preise müfsten auch heute noch wesentlich über diejenigen der siebenziger Jahre hinaus gestiegen sein. Statt dessen befinden wir uns bis 1877 sehr hohen Preisen gegenüber, die Depression beginnt erst im Jahre 1881, nimmt 1885 gröfsere Di-

---

Betrag, der jedoch nicht genau feststellbar ist. Da aber diese Verwendung des Goldes während der letzten zehn Jahre keinesfalls in solchem Mafse zugenommen haben kann, wie die Goldproduktion, so läfst die Ignorierung dieses Faktors die verhältnismäfsige Steigerung des den Zwecken des Geldverkehrs dienenden Goldes geringer erscheinen, als sie in Wirklichkeit ist.

mensionen an und gelangt nach einigen Schwankungen 1895 zu dem äußersten, bisher beobachteten Maximum. Wir sehen also, daß der Zusammenhang zwischen der Frage des Goldes und der Preisdepression nicht nur nicht nachgewiesen werden kann, sondern daß vielmehr die ganze Entwickelung und der ganze Verlauf derselben im Gegensatze zu einander stehen.

Nichts, absolut nichts berechtigt uns, die Preisdepression der Goldvaluta auf die Rechnung zu stellen.

Wir sahen, daß die jährliche Produktion beider Edelmetalle in den ersten vier Dezennien dieses Jahrhunderts 193 Millionen Frank betrug. Es ist wahr, daß dies eine geringe Depression zur Folge hatte, die jedoch durch die auf 363 Millionen Frank gehobene Produktion der vierziger Jahre beseitigt wurde. Sobald aber die Produktion auf 900 Millionen steigt, begegnen wir den unverkennbaren Anzeichen der Influation, der Verminderung des Geldwertes. Ziehen wir von dieser Summe nur 250 Millionen als den Bedarf des Orients[1]) ab, so bleiben für die übrigen Teile der Welt 650 Millionen Gold und Silber, von denen überdies noch bei beiden Metallen der Verbrauch der Industrie in Abzug zu kommen hätte. Diese Produktion verursacht von 1850—1870 eine Preissteigerung von 15—20 %.

Für die jährliche Vermehrung der Geldvorräte desselben Gebietes stehen von 1890 angefangen etwa 1000 Millionen Frank zur Verfügung, von welchem Betrage lediglich das Gold für die industrielle Verarbeitung abzuziehen wäre. Die jährliche Zunahme des Geldes der zivilisierten Welt ist also beinahe doppelt so groß, als in der großen Epoche der Preissteigerung (1850—70) und mindestens viermal so groß, als in den vierziger Jahren. Können wir also trotz alledem glauben, daß diese Produktion ungenügend und indem sie die Verteuerung des Goldes nach sich zieht, die Ursache der Preisdepression sei?

IV.

Wir wissen nunmehr, daß wir weder aus der Preisbewegung des Silbers, noch der übrigen Waren, noch auch aus den Pro-

---

[1]) Indien allein nahm beiläufig 200 Millionen in Anspruch.

duktionsverhältnissen des Goldes folgern können, dafs die Goldvaluta die niedrigen Preise der Produkte verursacht habe.

Daraus folgt aber nicht, dafs wir der Bewegung, welche auf die Besserung der internationalen Situation des Silbers abzielt, mit Gleichmut oder gar mit Antipathie begegnen sollen. Es ist unzweifelhaft, dafs die allmähliche Verminderung des Wertes des Geldes, die sich wie ein roter Faden durch die ökonomische Geschichte der gebildeten Welt zieht, im grofsen und ganzen genommen eine erfreuliche Erscheinung ist, die grofsen Interessen der menschlichen Arbeit und des Fortschrittes fördert. Die Steigerung der Preise der Produkte besitzt in diesem Belange nicht die gleiche Bedeutung. Übergangsweise, in jenen Zeiten, in welchen der Wert des Geldes eine gröfsere Veränderung erfährt, bietet auch das dem Produzenten Vorteile; die Preise des Grofshandels schmiegen sich sofort an den veränderten Wert des Geldes, während der Detailverkehr, der Arbeitslohn, die Steuer, mit einem Worte ein namhafter Teil jener Faktoren, welche die Produktionskosten fixieren, in dieser Entwickelung nur langsam nachfolgen. Über kurz oder lang aber wird das Gleichgewicht sämtlicher Preise hergestellt, die in ihrem gegenseitigen Wertverhältnisse übergangsweise eingetretenen Veränderungen verschwinden und es verflüchtigen sich auch alle daraus entstehenden Vorteile oder Nachteile.

Insbesondere in unseren Tagen dürfen wir keine Illusionen über die Wirkung der Doppelvaluta hegen. Die Verdrängung des Silbers verschuldete die Preisdepression nicht, aber auch die Wiedereinsetzung des Silbers in seine Rechte wäre nicht imstande, die Situation wesentlich zu verbessern.

Man beruft sich sehr häufig auf Indien und Argentinien und auf jene Vorteile, welche dort der Preisfall des Silbers, hier die zerrütteten finanziellen Verhältnisse und das hohe Disagio des argentinischen Papiergeldes für den Getreideexport zur Folge haben.

Was Argentinien anlangt, ist es richtig, dafs der Aufschwung der Weizenausfuhr mit dem rapiden Rückgange des Papiergeldkurses zusammenfiel. Der Weizenexport stieg gerade in jener kurzen Epoche, in welcher die Geldkrise ihren Kulminationspunkt erreichte, von 4 bis 5 Millionen Metercentner auf 16 Millionen, und inmitten der allgemeinen Verwüstung, welche jene im wirtschaftlichen Leben Argentiniens anrichtete, verschaffte sie dem Exporteur unzweifelhaft vorübergehende Vorteile. Allein die Krise gelangte zu ihrem Höhepunkte, der Wert des Papiergeldes sank nicht weiter, befolgte sogar, von einzelnen Schwankungen, von grofsen Sprüngen auf- und abwärts abgesehen, im grofsen und ganzen eine aufsteigende Tendenz. Die Vorteile des hohen Agios hörten auf, alle Nachteile der schlechten Papiervaluta treffen den Landwirt mit voller Wucht und der Weizenexport nimmt ab.

Das Beispiel Indiens aber bekräftigt ganz direkt unsere Behauptung, dafs wir die Wirkung des sinkenden Geldwertes nicht überschätzen dürfen. Die Ausfuhr Indiens stagniert und in den letzten vier Jahren, also in der Periode des rapiden Silberfalles, zeigt sie eine weichende Tendenz. Sie beträgt

1882—1886 bei einem Silberpreise von $49^{3}/_{16}$ 12,1 Mill. Metercentner
1887—1889 „ „ „ „ $43^{3}/_{8}$ 11,3 „ „
1890—1891 „ „ „ „ $46^{3}/_{8}$ 8,3 „ „
1892—1893 „ „ „ „ $37^{11}/_{16}$ 11,5 „ „
1894—1895 „ „ „ „ $29^{7}/_{16}$ 7,1 „ „

Dabei dürfen wir nicht vergessen, dafs in jenen Gebieten, welche gerade aus dem Gesichtspunkte der Weizenproduktion hohe Bedeutung besitzen, die Goldvaluta in Kraft bleibt, oder, wie in Rufsland, Vorbereitungen zur Herstellung derselben getroffen werden. In dieser Beziehung liefert das Beispiel Rufslands den frappantesten Beweis: Rufsland hat namhafte Goldvorräte aufgehäuft, die Wirkung davon ist eine namhafte Steigerung des Rubelkurses, so dafs der russische Produzent gerade in jenen Jahren, in welchen die Getreideausfuhr in den gröfsten Dimensionen sich entfaltete, allen Nachteilen des Überganges des verteuerten Geldes gegenüberstand.

Die wahre und anhaltend heilsame Wirkung des gesunkenen Geldwertes ist nicht sein im Übergange geübter Einflufs auf das Verhältnis der Preise untereinander, sondern besteht darin, dafs sie den Wert des Leihkapitals und des ohne Arbeit und ohne Risiko genossenen Zinsenertrages herabsetzt. Wenn das Geld, auf welches sowohl die Kapitalsschuld, wie die Zinsenverpflichtung lautet, an innerem Werte oder an Kaufkraft verliert, so ist es klar, dafs es nur des kleineren Teiles der nationalen Produktion zur Ausgleichung dieser Schuldigkeiten bedarf, während der gröfsere Teil zur Verfügung der produktiven Klassen (Arbeiter und Unternehmer) verbleibt. Das Einkommen und die Kraft der letzteren wachsen gegenüber dem vom Zinsenertrage lebenden toten Kapital. Diese Erscheinung ist sowohl aus wirtschaftlichen wie aus sozialpolitischen Gesichtspunkten nur eine erfreuliche.

Allem voran aber können wir uns ihrer im Interesse des Landwirtes freuen.

Der Landwirt ist doch mit wenigen Ausnahmen zugleich auch Schuldner, der einen namhaften Teil seines Einkommens für Zinsen verausgabt. Die Verminderung des Geldwertes hebt, sobald das Gleichgewicht der Preise hergestellt ist, sowohl seine Einnahmen wie seine Ausgaben in gleichem Mafse, nur der Kapitals- und Zinsenbetrag seiner Schulden bleibt unverändert. In Geld ausgedrückt steigen seine Einnahmen, steigen seine Ausgaben, und in demselben Verhältnisse erhöht sich auch der Geldwert seines Überschusses; mit dem kleineren Teile kann er die unverändert gebliebene Summe seiner Schulden tilgen; für die Zwecke des Verbrauches oder für die Mehrung seines Vermögens verbleibt ihm die gröfsere Quote.

Die Verringerung der Kaufkraft des Geldes ist daher eine heilsame Sache, aber nur insoweit, als sie auf natürlichem Wege entsteht.

Dieselbe kann auch künstlich mit unstatthaften Mitteln herbeigeführt werden; bei der Hartgeldvaluta dadurch, dafs jene Metallquantität verringert wird, die den Inhalt der Geldeinheit bildet, bei der Papiervaluta durch solche Geldemissionen, welche die im Umlaufe befindliche Geldmenge über den Bedarf hinaus vermehren und deren Devalvation zur Folge haben. Beide Arten sind unmoralisch, und da sie die Rechtsachtung und das Vertrauen erschüttern, welche die Grundlage der wirtschaftlichen Wohlfahrt bilden, sind sie mit Nachteilen verknüpft, welche die Vorteile weit überragen.

Die Kaufkraft des Geldes kann aber auch infolge eines natürlichen wirtschaftlichen Prozesses sinken. In diesem Falle

3*

wird das Geld desselben Metalles auch in der Zukunft dasselbe Gewicht enthalten, sein die Grundlage des Geldsystems bildender, in Edelmetall ausgedrückter Wert wird sich nicht ändern, aber es ändern sich die Produktions- und Umlaufsverhältnisse des betreffenden Edelmetalles oder der betreffenden Edelmetalle, es ändert sich der verhältnismäfsige Wert derselben zu dem Werte der übrigen Waren, was sodann die Verminderung des Geldwertes im Gefolge hat.

Diese grofse und heilsame wirtschaftliche Entwickelung trat mit der Entdeckung Amerikas und der dortigen Minen ein; sie dauerte mit wechselnder Intensität und mit mancherlei Schwankungen bis auf unsere Tage. Es ist unzweifelhaft, dafs der aufserordentliche Aufschwung der Gold- und Silberproduktion auch in den beiden letzten Jahrzehnten eine abermalige wesentliche Inflation und eine starke Verminderung des Geldwertes verursacht hätte, wenn nicht durch die Verdrängung des Silbergeldes aus der civilisierten Welt dieser Entwickelung künstliche Schranken gezogen worden wären. Jawohl, das Gold allein ist im Stande, den wachsenden Geldbedarf dieses Gebietes zu decken, die valutapolitische Aktion hat das Geld nicht verteuert, sie kann auch nicht als die Ursache der Preisdepression angesehen werden; wohl aber verhinderte sie, dafs die Kaufkraft des Geldes sich auf natürlichem Wege noch weiter vermindere. Das aber ist lediglich aus dem Gesichtspunkte des Kapitalisten erfreulich, der von den Zinsen des Leihkapitals lebt, für alle produktiven Faktoren jedoch eine nachteilige Erscheinung, und es verdient daher jede solche Bestrebung, die eine Stärkung der Rolle des Silbers im Wege einer internationalen Aktion zum Ziele hat, die sympathischeste Unterstützung der produktiven Faktoren.

Die Bestrebungen für die internationale Einführung der Doppelvaluta werden in absehbarer Zeit kaum zu einem Ergebnisse führen. Die praktischen Schwierigkeiten dieser Frage sind viel zu grofse, als dafs das Zustandekommen einer Vereinbarung erhofft werden könnte; und die Nachteile des Bimetallismus, sowie die Vorteile des Goldgeldes für den internationalen, wie überhaupt im europäischen Binnenverkehre sind viel zu bedeutende, als dafs man auf eine ehrliche Durchführung und Erhaltung zählen könnte. Eine bestimmte und zwar eine sehr ansehnliche Quantität Silber verträgt aber auch der Verkehr der Kulturstaaten, und wenn es gelänge dem Silber als Subsidiärgeld durch eine internationale Vereinbarung eine bedeutendere als die gegenwärtige Rolle zu sichern, so wäre auch damit ein wichtiger Schritt zur Erreichung des Zieles gethan, dafs der riesige Aufschwung der Edelmetallproduktion in der Preisbildung auch zu Gunsten der produktiven Klassen zur Geltung gelange.

Insbesondere wir Ungarn haben kein Interesse daran, diesen Bestrebungen Hindernisse in den Weg zu stellen. Wir sind ja eine kapitalarme, dem Auslande verschuldete Nation. Jede Veränderung in den Verhältnissen der Weltwirtschaft, die für den Schuldner gegenüber dem Gläubiger eine günstige ist, wendet uns fast nur Vorteile zu, während die Nachteile zum überwiegenden Teile die auswärtigen Gläubiger treffen.

Bis dahin jedoch, bis wir ein mit den Händen greifbares, praktisches Resultat der bimetallistischen Bestrebungen zu erblicken vermögen, fordern wir mit aller Energie, dafs das Werk der Regelung unserer Valuta endlich abgeschlossen, dafs die Goldvaluta zur Wirklichkeit werde. Es existiert heute kein ernstes Hindernis mehr; ein klein wenig guter Wille und Energie von österreichischer Seite könnte die ganze Operation sehr rasch zu gutem Ende bringen. Wir dürfen nicht länger dulden, dafs die Lösung dieser Angelegenheit durch Oberflächlichkeit, beschränkte Auffassung und Festhalten an dem alten Schlendrian noch weiter verzettelt werde, da mit derselben viele wichtige volkswirtschaftliche, politische und militärische Interessen, ich möchte beinahe sagen der gute Ruf unserer Monarchie verknüpft ist.

Wir Landwirte haben die grofsen Vorteile dieser Aktion bereits empfunden; in erster Linie, dafs mit dem Gespenste des Goldguldens zu $2^{1}/_{2}$ Frank abgerechnet und die Wertrelation mit 119 fixiert wurde. Es geschah das zu einer Zeit, in welcher der Wert unseres Papiergeldes eine fortwährend steigende Tendenz verfolgte, in welcher wir die Nachteile des sinkenden Goldagio's Jahre hindurch erdulden mufsten, als dieses Agio bis auf 11% fiel und ohne das Dazwischentreten der vorbereitenden Schritte zur Regelung der Valuta sicherlich noch tiefer gesunken wäre.

Die ganze Aktion, welche die Feststellung der Relation mit 119 ergab, war ein vollständiger Sieg der produktiven, und unter diesen in erster Linie der landwirtschaftlichen Interessen über das vom Zinsenertrage lebende Kapital, gegenüber den Interessen der haute finance. Sie ist ein glänzender Beweis der voraussehenden Weisheit und des Patriotismus jenes Mannes, dem der Löwenanteil an der Einleitung und an der Feststellung der Grundprinzipien für die Aktion zur Regelung der Valuta zugefallen ist. Wenn Alexander Wekerle niemals auch anderes vollbracht hätte, so hätte er sich mit diesem Werke allein den vollen Anspruch auf die Dankbarkeit der ungarischen Nation und zuvörderst der ungarischen Landwirte erworben.

Damit wir uns jedoch diese Wertrelation definitiv sichern und alle Vorteile der Goldvaluta in vollem Mafse geniefsen, ist es unbedingt notwendig, dafs das Inslebentreten derselben, die Aufnahme der Baarzahlungen nicht länger ohne Grund hinausgeschoben werde.

Heute vertraut das Ausland noch der Aufrichtigkeit unseres Strebens, deshalb zeigt unser Wechselkurs eine ziemliche Stabilität und das auswärtige Kapital interessirt sich immer mehr für die auf Kronenwährung lautende Placierung. Das ist aber noch immer nur ein geringer Teil des mit Recht zu gewärtigenden Vorteils und derselbe wird unserer Volkswirtschaft, welche des wohlfeilen Kapitals in so hohem Mafse bedarf, erst dann seinem ganzen Umfange nach zur Verfügung stehen, wenn die Krone wirkliches lebendiges Goldgeld sein wird und Alles, was auf Kronenwährung lautet, wann immer in effektives Gold wird umgewandelt werden können.

Wenn aber die drohende Versumpfung der Frage noch länger andauert, ist zu befürchten, dafs das Ausland den Glauben an den Ernst dieser Aktion verliert und auf der ganzen Linie unserer Kreditverhältnisse die Reaktion eintritt.

Es ist daher wahrhaftig hoch an der Zeit, das wir Landwirte unsere eigensten Interessen erkennen. Fordern und betreiben wir das je raschere Inslebentreten der Goldvaluta. Besitzen wir sie einmal, dann können wir auch die internationale

Bewegung[1]) unterstüzen, welche die Geltendmachung des Silbers bezweckt, und wenn diese zum Ziele führt, werden wir uns sicherlich in einer günstigeren Lage befinden, wenn wir nicht mit dem Silbergulden von $1/90$ kg und dem damit zusammenhängenden Goldgulden zu $2^{1}/_{2}$ Frank, sondern von der, einen um 19% geringeren inneren Wert besitzenden Kronenwährung auf den neuen bimetallistischen Geldfufs werden übergehen können.

---

[1]) Als der Verfasser dieser Zeilen in der Valuta-Enquete seine Anschauungen über die Valutareform und über die Wertrelation entwickelte, sagte der verstorbene Abgeordnete Moritz Wahmann zu seinem Nachbar: „Der Kerl ist der gefährlichste Agrarier in Ungarn." Er war in diesem Belange ein kompetenter Richter.

Spekulation und Preisbildung.

I.

Gleichzeitig mit dem Sinken der Warenpreise begannen die ungarischen Landwirte, ihre Aufmerksamkeit der Börse zuzuwenden. Die schweren Zeiten rüttelten den ungarischen Landwirt wie auf allen anderen Gebieten, so auch auf jenem des Weizengeschäftes aus der überkommenen Indolenz auf. Unter dem Drucke der Verhältnisse mufste nicht nur in der Produktion mit dem von den Ahnen ererbten Gleichmute gebrochen werden, sie boten nicht nur den Impuls, mehr und billiger zu produzieren, sondern nötigten ihn, auch dem geschäftlichen Teile der Landwirtschaft gröfsere Sorgfalt zuzuwenden, durch Käufe und Verkäufe die uns günstigen Konjunkturen möglichst auszunutzen.

Dieses an sich notwendige und vorteilhafte Streben jedoch schlägt alsbald eine ungesunde Richtung ein. Ein namhafter Teil unserer Landwirte sucht an der Börse einen Ersatz für die schlechten Preise. Personen, die noch vor kurzem so gut wie gar keine Kenntnis von der Existenz der Börse besafsen, versinken in der wildesten Terminspekulation, und wir vermöchten fürwahr mehr als ein Beispiel dafür aus dem Kreise unserer persönlichen Bekannten anzuführen, dafs eine unglückliche Börsenspekulation die Arbeit und die Früchte der Sparsamkeit von Jahrzehnten verschlang und die geordnetsten Existenzen in Verwirrung stürzte.

Auf diese höchst bedauerliche, häufig erschütternde Erscheinung ist die Antipathie der Landwirte gegen die Börse und gegen die Börsenkreise zurückzuführen. Diejenigen schimpfen zuerst und am lautesten über die Spekulation und über die Börse, die selbst gespielt, in Ermangelung der nötigen Kenntnisse, der Selbstbeschränkung und des Glückes sich die Finger verbrannt haben. Dazu kommt noch, daſs die Entwickelung der Budapester Börse, die Ausbreitung des Termingeschäftes in immer gröſseren Dimensionen und auf immer weitere Kreise thatsächlich mit dem Sinken der Warenpreise zusammenfällt; nichts erscheint daher bequemer, als beide Erscheinungen in einen kausalen Zusammenhang zu bringen.

Endlich drängen die immer schwieriger werdenden Verhältnisse die Aufmerksamkeit unserer Landwirte auch auf die agrarischen Bestrebungen des Auslandes, namentlich des deutschen Reiches. Nun aber stehen überall auf dem Kontinent, ganz besonders aber in Deutschland, das mobile Kapital und der Liberalismus auf der einen Seite, der Grundbesitz und die politische Reaktion auf der andern Seite in unlösbarer Verbindung miteinander. Die agrarische Bewegung ist von politischen Momenten erfüllt, mit politischen Zwecken verknüpft; die Vertreter der landwirtschaftlichen Interessen sind von gesellschaftlicher und politischer Abneigung gegen das Kapital geleitet, und nicht so sehr die objektive volkswirtschaftliche Überzeugung, sondern die Parteileidenschaft und die Parteitaktik führen sie in den Kampf gegen das Groſskapital, gegen die Börsen und gegen den derzeitigen Geschäftskreis derselben. Diese mit der ganzen Geisteswelt des ungarischen Landwirtes unvereinbaren, überwiegend tendenziösen wirtschaftlichen Theorien finden jedoch empfänglichen Boden in der arglosen, durch die vielen Schicksalsschläge erbitterten Seele unserer Landwirte, und wer den Verlauf der letzten Kongresse mit Aufmerksamkeit verfolgte, kann die Augen vor der Thatsache nicht verschlieſsen, daſs auch bei uns weite Kreise geneigt sind, unsere wirtschaftlichen Übel der Herrschaft des feindselig gesinnten Kapitals und den Machenschaften der Börsen zuzuschreiben.

Diese Richtung arbeitete auf dem internationalen landwirtschaftlichen Kongresse mit groſsem Apparate; die lautesten Agitatoren der deutschen Reaktionäre traten für sie in die Schranken. Die gemäſsigteren Elemente waren in anderen Sektionen beschäftigt, eine meritorische Diskussion dieser Fragen entwickelte sich kaum und Graf Emerich Szechenyi konnte in seinem die Beratung resumierenden Berichte mit Fug und Recht behaupten, dafs die grofse Mehrheit der Redner in den Übergriffen des international organisierten Grofskapitals und insbesondere in dem Termingeschäfte eine Hauptquelle der wirtschaftlichen Übel und insbesondere der Preisdepression erblickte.

„Das international organisierte Grofskapital" ist als Schlagwort der Agitation nicht übel gewählt und erscheint geeignet, gewisse Kreise zu erschrecken und zu erregen. Es ist Thatsache, dafs die moderne wirtschaftliche Entwickelung riesige Vermögen geschaffen hat, welche das Vermögen der stolzesten Olygarchen in den Schatten stellen.

Es ist ferner Thatsache, dafs die Geldaristokratie ihr Vermögen nur zum Teile, vielleicht nur zum geringeren Teile ihrer Arbeit und Genialität verdankt; die Quelle desselben sind in vielen Fällen Geschäfte zweifelhaften Wertes. Der Neid, die Antipathie gegen diese ist menschlich sehr begreiflich bei jener Klasse von Landwirten, die im besten Falle die von den Vorfahren ererbte materielle Situation zu erhalten verstand und sich durch die glücklichen Besitzer der leichterworbenen Millionen an Einkommen und Luxus überflügelt sieht. Nichts ist leichter, als manche glauben zu machen, dafs eine geheime Verschwörung jener gegen sie, ein plutokratisches Freimaurertum existiert, welches Parteien und Regierungen verführt oder besticht, und das Schicksal der Welt im eigenen Interesse, zum Schaden der Landwirte lenkt.

Ich erlaube mir achtungsvoll nur soviel zu fragen: Wer hat sich jemals Kenntnis von der Existenz dieses internationalen Bundes verschafft, wer, wo, wann und inwieweit? Welches ist seine Organisation? wer leitet ihn? welches sind seine Organe? worin manifestieren sich seine Bestrebungen? welches ist sein gemeinsames Interesse, das zu dem Interesse der Landwirte im Gegensatz stände? wo tritt diese Solidarität des Kapitals zu Tage? In einer Beziehung kenne ich die Solidarität des Kapitals, das ist die Solidarität gegen die das Privateigentum bekämpfenden Bestrebungen der Socialdemokratie. Die Besiegung derselben ist allerdings ein gemeinsames Interesse jeder Art von Besitz, jeder Art von Kapital, in erster Reihe aber des unbeweglichen Kapitals. Namentlich wir Ungarn begingen einen Kardinalfehler, wenn wir dieser Solidarität nicht eingedenk blieben. Bei uns trat der Sozialismus von Anbeginn mit der Tendenz einer Aufteilung von Grund und Boden hervor, in den Augen des ungarischen Volkes ist der Grofsgrundbesitz weit mehr der Vertreter des Grosskapitals, als das mobile Vermögen, und wenn es gelingt, dasselbe in den Kampf gegen das Kapital zu führen, so wird es dasselbe dort angreifen, wo es am nächsten erreichbar ist, und es wird erst durch die Zichys hindurch zu den Rothschilds gelangen.

Wenn ich von dieser einen Frage absehe, vermöchte ich wahrhaftig keine einzige praktische, wirtschaftspolitische Frage zu finden, in der die viel erwähnte Solidarität des Kapitals zur Geltung gelangt. Im Gegenteil, es wird durch zahllose Interessengegensätze in die verschiedensten Lager der mannigfachsten Bestrebungen geteilt. Das fixe Verzinsung geniefsende Leihkapital gegenüber dem in produktiven Unternehmungen verwendeten Kapital, der Handel gegenüber der Industrie, einzelne Zweige der Industrie gegeneinander, häufig sogar auf dem Gebiete desselben Landes, bieten ein buntes Bild der Interessenkonflikte. Und nun gar auf verschiedenen wirtschaftlichen Gebieten! Sehen wir denn nicht die verschiedenen Abarten des Kapitals und sogar die verschiedenen Gruppen derselben Abart in fortwährendem Kampfe miteinander, und sehen wir denn nicht, dafs die Ziele und Interessen dieser kämpfenden Gruppen mit denjenigen der Landwirte bald identische, bald gegensätzliche sind? Hat denn beispielsweise das eminente Interesse der ungarischen Landwirte, Ausfuhrbegünstigungen nach Deutschland zu erhalten, nicht gerade in dem Lager des deutschen Kapitals natürliche Bundesgenossen gefunden gegen die deutschen Agrarier, die kraft der Logik der Thatsachen auf diesem Gebiete unsere gefährlichsten Gegner sind?

Wenn wir aber das sogen. Grofskapital par excellence, die haute finance, betrachten, die ihr Vermögen in erster Linie in fix verzinslichen Anlehensobligationen placiert, so mufs man fragen, woher nimmt man auch nur einigen Schein der Berechtigung für die Annahme, daſs ihr Interesse jenem der Landwirte immer entgegengesetzt ist?

Wie minimal ist gerade ihr Interesse an der Herabdrückung der Warenpreise und wie mächtige Interessen knüpfen sich für sie an das Aufblühen der Landwirtschaft! Wir sprechen gar nicht davon, daſs gerade diese Kreise einen Teil ihres Vermögens mit Vorliebe in Grundbesitz anlegen. Ist denn nicht der Kredit eines groſsen Teiles gerade jener Länder mit dem Schicksale der Landwirtschaft verwachsen, bei deren Anlehen die haute finance eine so wichtige Rolle spielt, und macht sie denn das immer gröſsere Dimensionen annehmende Pfandbriefgeschäft nicht zum Genossen der Interessen der Landwirte?

Wie oft vernehmen wir gerade in sogen. agrarischen Kreisen die Klage, daſs die Landwirte nur nominell die Herren ihres Bodens seien, daſs der Ertrag desselben in Wahrheit vom Gläubiger genossen werde, dem wir in der Form von Zinsen Pacht zahlten! Wenn diese Behauptung auch stark übertrieben ist, so enthält sie doch ein Körnchen Wahrheit.

Wenn nun aber ein groſser Teil des Bodenertrages vom Kapital genossen wird, so wird dasselbe doch nicht mit selbstmörderischer Hand die Quelle seines Vermögens angreifen; es kann sich nicht in den Dienst von Bestrebungen stellen, die seinen getreuen Tributpflichtigen in eine Krise stürzen, zahlungsunfähig machen würden. Für eine wirklich zerstörende landwirtschaftliche Krise, welche den Wert des Bodens dauernd niederdrückt, bietet bislang nur England ein Beispiel, wo in Folge der Aufteilung und Gebundenheit des Grundbesitzes die kontinentalen Formen und Dimensionen des Hypothekarkredites sich nicht entwickeln konnten. Eine Krise ähnlicher Ausdehnung in der mitteleuropäischen Landwirtschaft hätte die Zahlungsunfähigkeit eines groſsen Teiles der Landwirte und einen Pfandbriefkrach zur Folge. Die Abwendung derselben jedoch ist ein ebensolches Interesse der groſsen Banken und der groſsen Financiers wie der kleinen Kapitalisten, die ihre ersparten Pfennige zusammenlegen, gleichwie es unser allereigenstes Interesse ist.

Überhaupt steht die Blüte der Landwirtschaft in so engem

Zusammenhange mit der Absatzfähigkeit der Pfandbriefe, die letztere wieder ist ein so eminentes Interesse der sogen. haute finance, dafs hier nur die gröbliche Unwissenheit oder die Absicht der Irreführung von einem Interessengegensatze faseln kann.

II.

Lassen wir also das unsinnige Schlagwort von dem international organisierten Grofskapital im Frieden und sehen wir zu, ob das Termingeschäft und die mit demselben verknüpfte Spekulation dem Landwirte zum Schaden gereicht.

Nach meiner Überzeugung ist die Frage nicht die: ob das Börsenspiel eine sympathische, lobenswerte Sache sei oder nicht? Sie ist das nach meiner Ansicht sicherlich nicht, wie es keinerlei Hazardspiel sein kann, so bald es den Rahmen der Zerstreuung überschreitet und zu einem Mittel des Erwerbes oder der Existenz wird. Die Spieler, mögen sie „Herren" (?) oder Kaufleute, Juden oder Christen sein, mögen sie an der Börse oder in den Klubs ihr Unwesen treiben, sind fürwahr nicht sympathisch. Das Überhandnehmen solcher Elemente kann keinen ernsten Mann erfreuen und niemand verurteilt die Ausbreitung der Leidenschaft des Spieles härter als ich, niemand bedauert es aber auch tiefer als ich, dafs der Wunsch nach Bereicherung ohne Arbeit hie und da sogar einzelne fleifsige und wackere Landwirte verleitet und zum Ruine treibt.

Wie traurig auch diese Erscheinungen sein mögen, das Heilmittel gegen dieselben kann doch in nichts anderem als in der sittlichen Kraft und in dem Gefühle der Verantwortlichkeit des Individuums gefunden werden. Der freie Staat und die freie Gesellschaft sind auf das grofse Prinzip gestellt, dafs jedes eigenberechtigte Individuum der Herr seines Schicksals, der Schmied seines Glückes ist. Der Staat kann sich nicht als Vormund seiner freien Bürger hinstellen und verhindern, dafs sie mit ihrem Vermögen leichtfertig wirtschaften, und so sehr wir auch einzelne, eines besseren Schicksales würdige Opfer der Leidenschaft des Spieles bedauern mögen, so können wir doch niemanden sonst als sie selbst dafür verantwortlich machen, wenn wir nicht jedes Gefühl der Verantwortlichkeit in der Gesellschaft ertöten wollen.

Solche Erscheinungen, die lediglich auf die Schwäche und auf den Leichtsinn einzelner zurückzuführen sind, bieten kein Motiv für die Intervention des Staates, für die Massregelung des Termingeschäftes. Eine Berechtigung dazu könnten wir nur dann erlangen, wenn bewiesen würde, dafs das Termingeschäft eine künstliche und für die Produzenten nachteilige Preisbildung hervorruft.

Das Termingeschäft ermöglicht zweifellos, dafs auch solche Individuen, die weder als Produzenten, noch als Kaufleute, noch auch als Konsumenten sich mit dem effektiven Getreidehandel beschäftigen, an der Getreidespekulation teilnehmen. Personen, die über keinen Hektoliter effektiven Weizen disponieren, kaufen und verkaufen riesige Quantitäten Getreide und auch die an dem effektiven Geschäfte interessierten Kreise arbeiten mit Schlüssen, welche die thatsächlich im Verkehre befindlichen Mengen weit überschreiten. Es ist daher offenkundig, dafs Papierweizen im Umlaufe ist, der den effektiven Weizen weitaus übertrifft.

Ist es nun wahr, dafs dieser Papierweizen einen dauernden Druck auf die Preise übt?

Die Quelle und die Grundlage der Spekulation sind der Gedanke, dafs der in dem betreffenden Augenblicke bestehende Preis den Konjunkturen der ganzen wirtschaftlichen Campagne, dem im Verlaufe dieser Campagne thatsächlich eintretenden Verhältnisse zwischen Angebot und Nachfrage nicht entspricht, dafs daher die Preise in den folgenden Monaten eine Veränderung erfahren werden.

Die Aufgabe der Spekulation ist, diese Veränderung zu eskomptieren; ihr Erfolg hängt davon ab, ob jene Preisentwicklung richtig beurteilt wird, welche die thatsächliche Gestaltung von Angebot und Nachfrage nach sich ziehen wird und ob die Engagements in der entsprechenden Richtung eingegangen wurden. Dem Betreffenden war es vollständig gleichgültig, ob der Weizenpreis in der Zukunft eine steigende oder weichende Tendenz verfolgen wird; er wird gewinnen, wenn er die Preisbildung richtig beurteilte. Kein Interesse, kein Motiv kann ihn dazu vermögen, die Preise unter das natürliche Niveau von Angebot und Nachfrage zu drücken, im Gegenteil, der Spekulant, welcher der Ansicht ist, daſs die natürliche Entwicklung der Verhältnisse eine Steigerung der Preise hervorrufen werde, kann nur ein Interesse, ein Streben haben: je früher und je mehr Kaufschlüsse zu kontrahieren und sodann die erhoffte Steigerung der Preise zu unterstützen.

Der Spekulant ist weder der Freund noch der Feind des Landwirtes. Es ist ihm vollständig gleichgiltig, ob er seinen Gewinn bei steigender oder fallender Preisveränderung realisiert; er wird Haussier sein, wenn er die erstere für wahrscheinlicher hält, und Baissier, wenn er an die letztere glaubt. Die Masse der Spekulanten ist thatsächlich je nach individueller Anschauung und Temperament in diese zwei Lager geteilt, den massenhaften Verkäufern des Papierweizens steht die Menge der Käufer gegenüber; bald wird die eine, bald die andere Tendenz das Übergewicht erlangen, aber im Endergebnisse müssen die beiden zu einem Gleichgewichte gelangen und eine Preisgestaltung resultieren, die dem Verhältnisse des wirklichen Bedarfes und Vorrates entspricht.

Allerdings giebt es zahlreiche Beispiele dafür, daſs die Spekulanten Bündnisse schlossen, Ringe bildeten, um in gewissen Artikeln eine künstliche Preisbildung herbeizuführen, natürlich vorwiegend in aufwärts und nicht nach abwärts sich bewegender Richtung. Wir kennen die Geschichte der Ringe: für eine Weile, d. h. so lange sie im Stande waren, die Aktion mit Geld zu halten, vermochten sie auch ein scheinbares Resultat aufzuweisen, aber das Ende war fast bei allen der klägliche Bankerott. Die Geschichte der meisten Ringe beweist, daſs bei Artikeln von groſser Ausbreitung und des wirklichen Weltverkehrs nicht der Schlüsseumsatz die Preisbildung der Waren normiert, sondern daſs die Konjunktur der effektiven Ware auch über die endgiltige Gestaltung des Termingeschäftes siegt.

Sehr häufig waren es nicht einmal berufsmäſsige Kaufleute, sondern Dilettanten, die Ringe bildeten, und sie muſsten sich zu ihrem eigenen Schaden davon überzeugen, daſs die natürliche Gestaltung der Preise durch künstliche Mittel nicht aufgehalten werden kann. Wer sich auf ein solch waghalsiges Unternehmen einlässt, rennt mit dem Kopfe gegen die Wand.

Der wirkliche Spekulant hat niemals ein anderes Streben, als die richtige Konjunktur zu ermitteln, und Weizen zu kaufen oder zu verkaufen, je nachdem er nach derselben eine fallende oder steigende Preisbildung für wahrscheinlicher hält. Die Wirkung der auf richtiger Spur einhergehenden Spekulation auf die Preisbildung kann nur die sein, dafs sie der auf dem Gebiete des effektiven Warengeschäftes eintretenden Preisveränderung zuvorkommt und dieselbe dadurch mäfsigt. Das aber ist sowohl für den Konsumenten wie für den Landwirt ein sehr wichtiger Vorteil. Plötzliche Preisveränderungen liegen weder in dem Interesse des einen noch in jenem des andern. Für den Landwirt aber ist es von der gröfsten Bedeutung, dafs unmittelbar nach der Ernte, zu einer Zeit, in der ein namhafter Teil der Landwirte sich beeilt, die Produkte zu Geld zu machen, in der also das Angebot den momentanen Bedarf weit übersteigt, nicht lediglich das Verhältnis der effektiven Nachfrage und des Angebotes die Preise bestimme, sondern auch das Termingeschäft, welches die späteren Eventualitäten in Rechnung zieht, auf dieselben gleichfalls Einflufs übe.

Dieser Einflufs macht sich in wohltätiger Richtung geltend, wenn die Spekutation die kommende Situatien richtig beurteilt. Wie alles Menschliche kann freilich auch die Rechnung der Spekulation eine irrige sein. Das Endresultat wird auch in diesem Falle eine Gestaltung der Preise sein, die der Marktlage entspricht, die Spekulation bezahlt ihren Irrtum mit dem eigenen Verluste, aber sie kann monatelang falsche, der wirklichen Konjunktur unangemessene Preise heraufbeschwören. Dieser Irrtum kann jedoch ebenso gut nach abwärts wie nach aufwärts begangen werden, und die künstliche Preisbildung kann ebenso gut höher oder niedriger sein als der legitime Preis. In dem letzteren Falle ist sie nachteilig, in dem ersteren vorteilhaft für den Landwirt, der seine Produkte in dieser Periode des Übergangs auf den Markt bringt.

Diese Behauptung wird durch die Geschichte der Weizen-Campagne 1891/92 glänzend bekräftigt.

Die Weizenernte des Jahres 1891 war in einem grofsen Teile der Welt eine schwache. Die Spekulation glaubte an grofsen Weizenmangel und an Teuerung in der ganzen Welt; sie inscenierte schon vor der Ernte eine bedeutende Hausse. Der Weizen stieg in Budapest bereits im Mai 1891 auf 10 fl. 38 kr., erreichte im Oktober 11 Gulden und verharrte bei diesem Preise bis Februar. Um diese Zeit aber wurde es offenkundig, dafs das thatsächliche Verhältnis zwischen Vorrat und Bedarf diese grofse Hausse nicht rechtfertige; der Preis begann abzubröckeln, und er schwankte vom April bis Juni zwischen 9 und $9^{1/2}$ fl. In diesem Falle irrte die Spekulation zu Gunsten des Landwirtes und wir wurden in die Lage versetzt, vier Monate hindurch unsern Weizen zu einem um nahezu 2 Gulden höheren Preise, als das Verhältnis zwischen Angebot und Nachfrage gerechtfertigt hätte, zu veräufsern.

Wenn wir das Gesagte resumieren, können wir dahin konkludieren, dafs die Spekulation irren und zeitweilig künstliche Preise herbeiführen kann. Sie kann diesen Irrtum ebenso zu Gunsten wie zum Schaden des Landwirtes begehen, Nutzen und Schaden gleichen sich aber mit der Zeit aus. Was jedoch ihre regelmäfsige, normale Wirkung anlangt, kommt sie der wirklichen Preisbildung zuvor, mildert sie die Preisschwankungen, gleicht sie aus, mäfsigt, ja beseitigt sie vollends den regelmäfsig wiederkehrenden Preisfall nach der Ernte, im Augenblicke der massenhaften Verkäufe.

III.

Das ist keineswegs der einzige Vorteil des Termingeschäftes für den Landwirt. Es kann in seiner Hand auch ein zweckmäfsiges Mittel werden, um seine eigene Ernte möglichst vorteilhaft zu verwerten. Ich könnte zahlreiche Beispiele zur Begründung dieser Behauptung anführen, es genügt aber wohl, sich auf einige zu beschränken.

Ein Landwirt braucht nach der Ernte Geld, oder er erhält ein Anbot auf seinen Weizen, das er im Verhältnisse zum Budapester Tagespreise vorteilhaft findet, oder endlich er ist genötigt, seinen Weizen zu verkaufen, weil die Einlagerung desselben aus dem einen und anderen Grunde Schwierigkeiten oder Kosten verursacht. Die Weizenpreise erscheinen ihm indessen nicht vorteilhaft und er will mit seinen Produkten einen späteren, günstigeren Preis abwarten. In jedem dieser Fälle kann er füglich seine Ernte verkaufen und den Vorteil erzielen, der mit der sofortigen Verwertung verbunden ist (er braucht kein Darlehen aufzunehmen, nicht einzulagern), und wenn er gleichzeitig, sobald er seine Fechsung veräufserte, eine entsprechende Quantität Usanceweizen per Frühjahr kauft und diesen Schlufs in einem späteren Zeitpunkte abwickelt, erreicht er denselben Zweck, als wenn er mit dem Verkaufe der eigenen Fechsung zugewartet hätte.

Oder kehren wir die Sache um; in einem grofsen Teile des Landes sind die Provinzmühlen die besten Käufer des Landwirtes. Im Herbst, um welche Zeit diese Mühlen einem starken Angebote gegenüberstehen, bezahlen auch sie den Weizen nicht besser als die Händler in der Hauptstadt, im Frühjahr aber sind sie genötigt, beträchtlich über der Budapester Parität von jenen Produzenten zu kaufen, die ihre Vorräte bis dahin behielten. In diesem Falle wird der Landwirt, wenn er zu rechnen versteht und in Geldsachen nicht bedrängt ist, seinen Weizen vor dem Frühjahr nicht verkaufen. Es kann aber geschehen, dafs in einem früheren Stadium der Campagne sich eine Preisgestaltung ergiebt, die ihn günstig dünkt und die er sich für seine Produkte sicher stellen will. Wenn wir den Terminhandel in Usanceweizen abschaffen, so giebt es für ihn keine andere Wahl, als seine eigene Fechsung zu verkaufen und dem Vorteile zu entsagen, der für ihn in der Ausnutzung eines günstigeren Frühjahrspreises der Provinz im Vergleiche zur Budapester Notierung enthalten ist, mit Hilfe des Termingeschäftes aber ist er in der Lage, sich beide Vorteile zu sichern. Er verkauft eben eine mit der eigenen Fechsung gleiche Quantität Unsancefrühjahrsweizen und wickelt diesen Schlufs ab, sobald er seine effektive Ware im Frühjahr in der Provinz verkauft hat.

IV.

Endlich — und das dürfen gerade wir Landwirte am wenigsten gering achten — ist das Termingeschäft ein dermafsen unentbehrliches Erfordernis und Hülfsmittel des Getreidehandels, daſs die Abschaffung desselben gerade den soliden Handel beeinträchtigen, seine Kaufkraft verringern würde.

Das Wesen des Getreidehandels besteht in der Vermittelung zwischen Produzenten und Konsumenten und nicht in der Preisspekulation. Seine Organisation, seine Verbindungen versetzen ihn in die Lage, mit seinem Getreide den besten Markt mit den geringsten Kosten aufzusuchen; dadurch verschafft er sich die Möglichkeit, dem Produzenten den vollen Preis zu bezahlen und dabei für seine vermittelnde Arbeit eine Entlohnung zu finden. Das ist der wahre Beruf, die dauernde Grundlage seines Geschäftes, nicht aber um mit wohlfeil aufgekauftem Getreide auf bessere Preise zu warten und im Wege der Preissteigerung einen Nutzen zu erzielen. Es kommt allerdings häufig vor, daſs der Getreidehändler auch in Weizen spekuliert — vermag doch gerade er dank seinen Verbindungen durch seine geschäftliche Thätigkeit die Lage am besten zu beurteilen, seinen Berechnungen die sicherste Basis zu Grunde zu legen — aber nicht jeder Getreidehändler ist zugleich Spekulant, und auch bei demjenigen, der sich mit Spekulation abgiebt, ist diese Thätigkeit von seiner eigentlichen kaufmännischen Funktion scharf zu unterscheiden. Als Spekulant arbeitet er bald auf Hausse, bald auf Baisse, kauft er heute, verkauft er morgen oder verhält er sich passiv, wenn er keine Ursache für eine wesentliche Veränderung der Preise gewahrt; als Kaufmann jedoch erfüllt er seinen volkswirtschaftlichen Beruf nur dann, wenn er dem Produzenten, der seine Ware verkaufen will, mit dem vollen Tagespreise zur Verfügung steht. Das vermag er jedoch nur mit Hilfe des Termingeschäftes, durch welches er bis zur Höhe des von ihm gekauften Weizens Deckungsverkäufe bewerkstelligen und sich gegen die Eventualität einer künftigen Preisverringerung sicherstellen kann. Ein solider Kaufmann, der nicht durch Spiel gewinnen will, sondern auf Vermittlungsgewinn arbeitet und diesen sichern will, kann nur bei Deckungsverkäufen Weizen kaufen, wenn er dafür in dem Kreise der Konsumenten nicht sofort einen Käufer findet; auch dem spekulierenden Kaufmanne wird es nur durch das Termingeschäft ermöglicht, selbst dann zu angemessenen Preisen effektive Ware zu kaufen, wenn er an das Sinken der Preise glaubt und à la baisse spekuliert, denn er kann seine Spekulation auf das Termingeschäft beschränken, wo dieselbe einfacher und minder kostspielig ist, als wenn er seine Schlüsse in effektiver Ware abwickeln müfste; und bis zur Höhe der effektiven Ware deckt er sich durch weitere Schlufsverkäufe.

Wenn wir das Termingeschäft abschaffen, zwingen wir den soliden Handel, unseren Weizen nur insoweit zu kaufen, als derselbe im Kreise der Konsumenten sofort placiert werden kann; unter den spekulierenden Kaufleuten aber machen wir allen denjenigen die Teilnahme an dem Geschäft unmöglich, die das Fallen der Preise erwarten, was soviel bedeutet, dafs nur diejenigen unseren Weizen über den Bedarf des prompten Verkaufes hinaus kaufen werden, die mit demselben à la hausse spekulieren wollen.

Als hörte ich schon die Bemerkung, das sei ein Malheur für die Kaufleute, uns Landwirte gehe das nichts an; lesen und hören wir doch nicht selten, der Kaufmann, der Vermittler, sei der natürliche Gegner des Landwirtes, alles schadet dem Landwirte, was dem Kaufmanne frommt und umgekehrt.

Wie in den meisten gefährlichen Sophismen steckt auch in dieser Behauptung ein Körnchen Wahrheit. Es ist Thatsache, dafs der Vermittler sowohl dem Produzenten wie dem Konsumenten sterile Lasten aufbürden kann; er kann auch in solche Gebiete eindringen, auf welchen sich Produzent und Konsument ohne Schwierigkeit unmittelbar begegnen können, wo also der Gewinn des Vermittlers erspart werden kann, daher eine unfruchtbare Ausgabe ist; er kann sich aber auch — und thatsächlich schädigt er damit den Landwirt in den meisten Fällen — zwischen den Produzenten und den wirklichen Kaufmann drängen und eine namhafte Quote des Preises wegschnappen, die der wirkliche Kaufmann für unsere Produkte zu bieten vermag. Wir müssen nun dahin streben, diese Auswüchse des Handels auszurotten; sie sind aber nicht Erscheinungen der Hypertrophie des Handels, sondern im Gegentheil seiner mangelnden Entwickelung. Alles, was geeignet ist, die freie Entfaltung, Bewegung und Konkurrenz des wirklichen Handels zu fördern, bringt uns auch der Heilung dieser krankhaften Symptome näher. In Bezug auf alle unsere

Produkte aber, die Artikel des Weltverkehrs sind, ist der Handel für uns ein brennendes Bedürfnis; in je gröfseren Dimensionen und je freier er sich entfaltet, mit je geringeren Kosten und Risken er verbunden ist, um so besser kann er unseren Interessen dienstbar sein. Der Kaufmann ist in der glücklichen Lage, seine gesammten Kosten, sein ganzes Risiko auf uns überwälzen zu können. Je höher die ersteren sich stellen, um so geringer wird der Preis sein, den wir für unsere Produkte erhalten, und jeder Kreuzer, den er in seiner Kostenrechnung erspart, jede Abwendung des Risiko's kommt im Endergebnisse uns zu statten. Nun verstreicht aber selbst im inländischen Verkehre in der Regel eine Frist von mehreren Wochen zwischen dem Kaufe und dem Verkaufe des effektiven Weizens. Das Risiko der in dieser Zwischenzeit eintretenden Preisveränderung belastet den Kaufmann. Gerade der nicht spekulirende, solide Kaufmann wendet dieses Risiko durch Deckungen mittelst Terminschlüssen ab. Machen wir ihm das unmöglich, so werden wir genötigt sein, dieses Risiko zu tragen, denn er wird entsprechenden Preisnachlafs fordern. Andrerseits wieder vergessen wir nicht, dafs die Gesetze der Preisbildung nur dann zur Geltung gelangen, der Produzent nur dann den ihm gebührenden vollen Preis erhält, wenn sich eine wirkliche, wirksame Konkurrenz entwickelt. Alles, was die Zahl unserer Käufer vermehrt, ihre Kraft, ihre Kauflust steigert, führt zur Belebung der Konkurrenz und kommt in erster Linie uns zu gute. Umgekehrt werden wir durch jede den Handel lähmende Mafsregel unsere Verkaufs-Aussichten beeinträchtigen und uns selbst schädigen.

Was gewinnen wir aus diesem Gesichtspunkte durch die Abschaffung des Terminhandels? Wir erreichen, dafs nur die Hausse-Spekulanten die Käufer unseres Weizens sein können, sobald derselbe den unmittelbaren, sofortigen Bedarf übersteigt. Diese werden in der Regel die Situation beherrschen, da sie von der Konkurrenz der nicht spekulierenden oder à la baisse spekulierenden Kaufleute befreit sind. Die Nachfrage wird mit dem Angebote nicht Schritt halten und es wird in jeder Periode, in der, unsere Produkte in gröfseren Mengen zum Verkaufe gelangen, ein Preisrückgang eintreten. Wir wissen, dafs dieser

Fall sich Jahr für Jahr nach der Ernte ergiebt, wir wissen, dafs unsere Landwirte einen wesentlichen Theil der Fechsung um jene Zeit auf den Markt bringen, wir wissen, dafs um jene Zeit das Angebot die Ansprüche der Konsumtion mit grofsen Quantitäten überschreitet. In dieser Zeit erneuert sich Jahr um Jahr die Gefahr, dafs dieses starke Angebot das Sinken der Preise verursacht. Nun aber besitzen die Preise dieser Periode, in welcher der gröfste Theil der Fechsung des Landes zum Verkaufe gelangt, aus den Gesichtspunkten unserer Landwirtschaft die höchste Bedeutung. Was frommt es dem Landwirte, wenn der Weizen im März 10 Gulden kostet, nachdem er seine Fechsung im August um 6 Gulden verkaufen musste?

Nur das Termingeschäft befähigt unseren Handel, dieses grofse Angebot ohne wesentliche Verminderung der Preise aufzunehmen. Wenn wir die Budapester Getreidepreise der Monate August bis November desselben Wirtschaftsjahres mit dem Jahresdurchschnitt vergleichen, so sehen wir, dafs der August-Novemberpreis

         von 1874—1880 96,7,
         „   1881—1885 97,4,
         „   1886—1890 97,8,
         „   1890—1895 97,8 Prozent des Jahresdurchschnittspreises beträgt. Er steht also nicht einmal um so vieles unter dem Durchschnitt als die Einlagerungskosten und die Zinsen des im Weizen steckenden Geldes repräsentieren.

Die Abschaffung des Terminhandels würde die Aufnahmsfähigkeit des Handels in dieser für den Landwirt so überaus wichtigen Epoche schwächen, würde ihn den Konsumenten und den etwa à la hausse engagierten Spekulanten ausliefern und die Umstände der Verwertung wesentlich verschlechtern. Mag dieses Vorgehen unseren Landwirten mit noch so lauttönenden Phrasen von denjenigen empfohlen werden, die es lieben, sich als die einzigen guten Freunde des Landwirtes aufzuspielen, so wäre das doch nur eine von Voreingenommenheit und Klassenhafs inspirierte selbstmörderische Politik, deren schädliche Folgen wir selbst am schmerzlichsten empfinden würden.

V.

Ja wohl, auch die Institution der Börse ist, wie jede menschliche Schöpfung, nach mancher Richtung der Reform bedürftig, einer Reform namentlich in der Beziehung, dafs das schwindelhafte Spiel, das sich nicht auf ausreichende materielle Kraft stützt, möglichst verhindert werde, und dafs jedermann sich an der Spekulation nur in dem Mafse beteiligen könne, das seiner Zahlungsfähigkeit entspricht. Schliefslich ist das Ausläuten keine zureichende Sanktion und es ist ein ungesunder Zustand, dafs gerade diejenigen Elemente die ausgedehntesten Verpflichtungen übernehmen, das wildeste Spiel treiben sollen, die, wenn ihnen das Glück lächelt, den Gewinn hübsch in die Tasche stecken, und wenn sie verlieren, mit gelassener Philosophie einfach sagen: „Werfet mich hinaus, ich bin ein Schneider." Es sollen nur diejenigen spekulieren, die zahlen können, wenn sie verlieren; das ist eine Vorbedingung dafür, dafs das Spiel ein ehrliches sei, und gleichzeitig eine Garantie aus dem Gesichtspunkte, dafs die Spekulation lediglich von der Beurteilung der Lage geleitet wird. Nur derjenige Spieler pflegt das Spiel auch gegen die thatsächlichen Verhältnisse fortzusetzen und seinem Gelde nachzulaufen, der nichts zu verlieren hat.

Die Reformbestrebungen sind ferner auch nach der Richtung begründet und notwendig, dafs die Aufsicht und Kontrole der öffentlichen Behörden eine intensivere werde und dafs die Landwirte in der autonomen Organisation und in den Institutionen der Börse vertreten seien. Die Börse ist heute ein dermafsen wichtiger Factor des öffentlichen Verkehres, ihre Thätigkeit greift so tief hinein in alle Phasen des wirtschaftlichen Lebens, ihre korrekte und das öffentliche Vertrauen verdienende Wirksamkeit bildet ein so wichtiges, allgemeines Interesse, dafs niemand die Berechtigung der staatlichen Kontrole und Evidenzhaltung in Zweifel ziehen kann. Sie berührt aber auch so tief und unmittelbar unsere, der Landwirte, wichtigsten geschäftlichen Interessen, sie ist so häufig berufen über Fragen zu entscheiden, bei welchen der Standpunkt des Landwirtes und des Kaufmannes einander gegenübergestellt sind, dafs es als ein Gebot der einfachen Gerechtigkeit erscheint, wenn wir fordern, dafs in dem Organismus der Börse neben den Kaufleuten und Industriellen auch wir Landwirte vertreten seien.

Ich glaube auch nicht, dafs die Befriedigung dieser billigen, motivierten, durch das öffentliche Interesse gerechtfertigten Wünsche auf gröfsere Schwierigkeiten stofsen könnte; aber eine Mafsregelung der Börse, die unsere eigene geschäftliche Thätigkeit schwächen und der Kauffähigkeit des Handels Abbruch thun könnte, würde sich zu allererst an den durch falsche Schlagworte irregeleiteten Landwirten rächen.

Was ist zu thun?

I.

Aus dem bisher Gesagten können wir die Diagnose unserer landwirtschaftlichen Übel feststellen. Wir müssen sowohl die Thätigkeit der Börsen als das Termingeschäft, desgleichen die Goldvaluta von den Ursachen des Preisfalles, wenigstens von den Gründen gröfserer Bedeutung ausschliefsen und dieselben auf einen einzigen Faktor von entscheidender Wichtigkeit zurückführen. Das ist der Umstand, dafs das System der modernen Kommunikationsmittel Europa den Produkten der ganzen Welt erschlossen hat, dieselben mit von Jahr zu Jahr geringeren Eisenbahn- und Schiffahrtsfrachtsätzen dahin transportiert, mit ihnen den europäischen Markt überschwemmt und imstande ist dort Preise zu diktieren, welche die europäische Landwirtschaft mit dem Ruin bedrohen.

Diese Gefahr hat ihren Kulminationspunkt noch lange nicht erreicht und eine natürliche Besserung der Lage ist in absehbarer Zeit nicht zu erhoffen. Weitgedehnte Gebiete der Erde liegen noch brach, zum Teile auch solche, die dem Verkehre bereits erschlossen wurden. Es ist lediglich den niedrigen Getreidepreisen zuzuschreiben, dafs diese noch nicht unter Kultur gelangten, denn jene würden nach Abzug der Transportspesen nicht einmal die Kosten der primitivsten und wohlfeilsten Produktion decken; jede Steigerung der Getreidepreise, welche die Bewirtschaftung in jenen Gegenden lukrativ gestalten würde, hätte den Aufbruch neuer Territorien, eine abermalige Zunahme der Weizenproduktion zur Folge, würde die Intensität der überseeischen Produktion verschärfen und den Impuls zu einem wiederholten, noch empfindlicheren Preisfalle geben.

Wir sahen schon weiter oben, dafs die Wirkung der niedrigen Preise bereits am Ende der achtziger Jahre sich fühlbar machte. Das Anbaugebiet wurde nicht erweitert, die Konkurrenz verlor an Schärfe, aber sie erneuert sich mit gesteigerter Kraft unter dem Impulse der hohen Preise in der Campagne des Jahres 1891, und die Ausfuhr der überseeischen Gebiete, sowie das Sinken der Preise erreichen bisher niemals beobachtete Dimensionen. Auch diese Entwickelung scheint in der ersten Hälfte des Jahres 1895 zu kulminieren und seither ist in der Ausfuhr eine geringe Abnahme, in den Preisen eine Stagnation, sogar eine mäfsige Steigerung wahrnehmbar.

Neuestens zeigt sich unter der Wirkung der schwachen Welternte eine um etwas bedeutendere Preisavance. Gebe Gott, dafs wir diese nicht wieder so teuer bezahlen wie jene des Jahres 1891.

Die Überproduktion in Weizen ist keine isolierte Thatsache. Sie bewirkt in allen Zweigen der Landwirtschaft Überproduktion und Preisdepression. Amerika und Australien machen uns auch in tierischen Produkten eine in grofsen Verhältnissen zunehmende Konkurrenz. Davon abgesehen nötigt die Verringerung des Einkommens aus dem Getreideanbau den europäischen Landwirt, andere Zweige der Bewirtschaftung aufzugreifen. Die europäische Weizenproduktion stagniert so ziemlich; der Fortschritt, die Entwickelung, die intensivere Kultur offenbaren sich durch eine in grofsen Dimensionen gesteigerte Produktion der übrigen Artikel. Der Absatz derselben jedoch, der Weltkonsum in diesen ist eine verschwindende Geringfügigkeit im Vergleiche zu dem Verbrauch des Getreides. Dieser ist das Rückgrat der Landwirtschaft, er bietet dem Landwirte die Vorbedingungen der Existenz, und sobald er genötigt ist, das Schwergewicht seiner Thätigkeit auf die Herstellung anderer Produkte zu verlegen, tritt auch bei diesen sofort die Überproduktion ein. So folgt dem Preisfalle des Weizens alsbald nach kurzer Weile auch derjenige des Viehes und der tierischen Produkte, so zeigten sich nacheinander

Überproduktion und Krise bei der Erzeugung von Branntwein, Zucker und Kleesamen.

Unter solchen Verhältnissen vermöchte keine Mafsregel, welche das Schicksal aller Produzenten der Welt verbessern soll — selbst wenn sie möglich wäre — das Übel dauernd zu beseitigen. Nehmen wir an, es gelänge, die internationale Annahme des Bimetallismus durchzusetzen und derselbe würde die Preise der Produkte erhöhen. Sofort wäre die Kolonisierung und Kultivierung der bisher nicht bebauten Territorien ein Unternehmen, das reichen Nutzen verheifst und die Überproduktion würde schon nach wenigen Jahren zu einer gröfseren Kalamität anwachsen, als je zuvor.

Wir können dem europäischen Landwirte nur durch solche Mafsregeln helfen, die ihm gegenüber den Produzenten der übrigen Weltteile solche Vorteile zuwenden, die ihm die Möglichkeit der anständigen Existenz bieten, ohne dafs sie die Konjunkturen der überseeischen Produktion bessern und einer neuerlichen Ausbreitung als Impuls dienen würden.

Ein solches Mittel steht uns zur Verfügung und das ist das System der agrarischen Schutzzölle. Heutzutage müssen wir auf jeden theoretischen und prinzipiellen Standpunkt verzichten; die brutale Macht der Thatsachen hat die wissenschaftlichen Diskussionen der freihändlerischen und schutzzöllnerischen Richtungen zerstampft; die Sache steht einfach so, dass derjenige europäische Staat, der eine alte Kultur besitzt und nicht zugeben will, dass seine ackerbauende Bevölkerung zu Grunde gehe, derselben den Zollschutz gegenüber der Weltkonkurrenz gewähren muss.

England konnte seine Landwirtschaft hinopfern; dort besteht die Klasse der Grundbesitzer aus wenigen steinreichen Mitgliedern, die einen namhaften Teil ihres Vermögens einbüfsen konnten, ohne dass daraus eine Kalamität für das Land erwuchs; die Klasse der landwirtschaftlichen Arbeiter aber vegetierte in einer so unglücklichen materiellen, geistigen und sittlichen Lage, dass es in jeder Beziehung als Fortschritt angesehen werden muss, wenn der gröfste Teil dieser Arbeiter in den Dienst der sich entwickelnden Industrie trat. Der wertvollste Teil der unteren

Schichten des englischen Volkes ist nicht der Bauer — solche giebt es seit Jahrhunderten in England nicht — sondern die Elite der industriellen Arbeiter.

In den continentalen Staaten liegen die Verhältnisse anders. Selbst in den industriereichsten besitzt ein namhafter Teil der Bevölkerung Grund und Boden, lebt derselbe von der Landwirtschaft und bildet er an Körper und Seele die stärkste, gesündeste Schicht der Nation. Sein Verderben würde dem nationalen Organismus eine unheilbare Wunde schlagen. In erhöhtem Mafse ist das in unserm Vaterlande der Fall. Das Gros der ungarischen Nation lebt vom Ackerbau, das Schicksal der Besten unseres Volkes ist mit dem Boden unseres Vaterlandes verknüpft und derjenige begeht in Wahrheit einen Verrat, der irgend welchen Theorien zuliebe jenen Schutz versagt, dessen unsere Landwirtschaft unbedingt bedarf.

II.

Es ist jedoch eine unabweisbare Vorbedingung dafür, damit der Schutzzoll thatsächlich zur Geltung komme, dass die in Frage stehende Ware auf dem betreffenden Territorium verbraucht werden könne. Sobald sich ein namhafter Überschuss derselben zeigt, der nur auf einem anderen Wirtschaftsgebiete Verwendung finden kann, wird der Preis, zu welchem dieser Überschuss im Auslande verkäuflich ist, die Verhältnisse der Verwertung der ganzen Produktion regulieren. Das Gleichgewicht von Angebot und Nachfrage im Inlande kann nur dann eintreten, wenn der Überschuss in das Ausland transportiert wurde. Das wird aber nur dann möglich sein, wenn die Preise des Inlandes um so viel unter die Preise des am vorteilhaftesten erreichbaren ausländischen Marktes fallen, wieviel die Kosten des Transportes dahin betragen. In diesem Falle bleibt der Schutzzoll vollkommen wirkungslos, ist er nur als leere Fiktion, als Spiegelfechterei zu betrachten.

Der Schutzzoll wird nur dann vollkommen zur Geltung gelangen, wenn das betreffende Gebiet absolut über keinen auszuführenden Überschuss disponiert, sondern im Gegenteil auf die Einfuhr angewiesen ist. In diesem Falle werden die Spesen der eingeführten Waren die Preisbildung beherrschen, unter diesen aber figuriert neben den Transportkosten auch der Schutzzoll. Zum Teil kann sich dieser auch dann geltend machen, wenn der auszuführende Überschuss verhältnismäfsig sehr gering ist. In diesem Falle kommt nur der Teil der Fechsung zur Ausfuhr, der durch seine Lage oder Qualität dazu besonders geeignet ist und zu günstigeren Bedingungen als der Landesdurchschnitt exportiert werden kann. Die für den Verbrauch im Inlande bestimmten Waren werden im Preise nur bis zu jenem Niveau fallen, bei welchem diese unter Ausnahmsverhältnissen befindliche, relativ geringe Quantität ausgeführt werden kann; über diese Grenze hinaus kommt der Schutzzoll zur Geltung. Je gröfser die für den Export verbleibende Quote der Fechsung ist, um so geringer ist die Hoffnung auf eine Wirkung des Schutzzolles; je kleiner die erstere ist, umsomehr nähern wir uns der vollen Geltendmachung des Schutzzolles.

Ein grofser Teil der Fechsung Ungarns, ein gutes Drittel seines Weizens gelangt zur Ausfuhr; als selbständiges Zollgebiet würde es demnach Schutzzölle vergeblich einführen und seine Landwirtschaft müsste alle Eventualitäten der Preisgestaltung des Weltmarkts wehrlos erdulden.

Anders steht die Sache, solange wir auf der Grundlage des mit Österreich gemeinsamen Zollgebietes stehen.

Der Weizenverkehr dieses Zollgebietes konnte erst in den sechziger Jahren nach der beginnenden Entwickelung des Eisenbahnnetzes gröfsere Verhältnisse annehmen und wies in der zweiten Hälfte der sechziger Jahre einen Exportüberschuss von 5 Millionen Metercentnern aus. Die Ausfuhr hört jedoch zu Beginn der siebziger Jahre unter der Einwirkung mehrerer schlechter Ernten sozusagen vollständig auf und beträgt im Jahresdurchschnitt der Periode 1871—75 im Ganzen 70000 Metercentner, ja es zeigt sich sogar in den Jahren 1873 und 1874 eine um 2 Millionen höhere Einfuhr. Mit der Besserung der Ernte kommt der Exportüberschufs wieder zum Vorschein und die Ausfuhr beträgt durchschnittlich von 1876 bis 1880 2450000, von 1881 bis 1885 2310000 Metercentner. Hier tritt nun der rapide Fortschritt der ungarischen Landwirtschaft und die wesentliche Erhöhung der jährlichen Fechsung ein. Trotzdem unter der parallelen Wirkung des zunehmenden Wohlstandes und der billigeren Getreidepreise auch der inländische Konsum sich wesentlich erhöht, steigt auch der Export, der

1886 3 666 000
1887 3 840 000
1888 6 530 000 Metercentner beträgt.

Damit wird der Höhepunkt erreicht. Infolge des fortwährend zunehmenden inneren Verbrauchs wird die Ausfuhr immer geringer. Sie beträgt:

1889 4 606 000
1890 3 580 000
1891 2 220 000
1892   682 000
1893   395 000
1894   377 000
1895 1 045 000 Metercentner[1]).

Es ist daher die Behauptung, dafs das gemeinsame Zollgebiet in Weizen auf die Einfuhr angewiesen sei, leider nicht wahr,

---

1) Die obigen Ziffern enthalten die Ergebnisse des freien und des Mahlverkehrs zusammen. In der That dürfen wir den Mahlverkehr nicht aufser Berechnung lassen, einerseits deshalb, weil derselbe für 100 q. Weizen 70 q. Weizen erforderte, während doch der Mehlgewinn bei dem heutigen Stande der Mühlentechnik auf 80 % veranschlagt werden kann (thatsächlich nahm ich bei allen Berechnungen diesen Schlüssel als Grundlage), andererseits aus dem Grunde, weil in Folge des einige Zeit hindurch beobachteten allzu nachsichtigen Vorgehens bei der Stundung des Zollkredites solche Quantitäten mit Mahlbegünstigung eingeführt wurden, dafs die entsprechende Mehlmenge nicht rechtzeitig exportiert werden konnte und die Mühlen den Zoll für einen Theil des auf diese Weise eingeführten Weizens nachträglich zu bezahlen gezwungen waren. In der sechsjährigen Periode von 1890 bis 1895 wurden thatsächlich 7 406 838 q. Weizen mit der Begünstigung des Mahlverkehres importiert, dem gegenüber 4 358 627 q. Mehl ausgeführt wurden. Diese Summe zu dem Schlüssel von 0,8 umgerechnet, entspricht 5 448 000 q. Weizen; es zeigt sich daher ein Plus der Einfuhr von nahezu 2 Millionen q., von welchem ein Teil 1896 exportiert wird. Die 1895 sich ergebende Steigerung der Ausfuhr hängt gleichfalls mit dem Mahlverkehr zusammen; durch die Beschränkung desselben sinkt der Weizenimport auf 1 074 563 q., während im Verhältnisse zu den 1894 eingeführten 1 711 000 Metercentner Weizen 1 264 507 q. Mehl exportiert werden mussten.

aber thatsächlich ist unsere Ausfuhr im Durchschnitte der letzten vier Jahre auf eine ganz bedeutungslose Summe gesunken, die nicht einmal 1,5 Prozent der Ernte Ungarns und Österreichs repräsentiert. Während der in den siebziger Jahren eingetretene Weizenmangel die Folge inländischer Notstands-Fechsungen und mit diesen eine vorübergehende Erscheinung war, fällt die jetzt wahrgenommene Umwandlung unseres Weizenverkehres mit befriedigenden Ernten zusammen und ist einem stabilen Faktor, dem wachsenden inländischen Verbrauche, zuzuschreiben. Die Bevölkerung beider Staaten der Monarchie vermehrt sich jährlich um beiläufig 400 000 Seelen, was den inneren Konsum um eben soviele Metercentner erhöht, selbst dann, wenn der Weizenverbrauch per Kopf nicht steigt.

Wir können daher mit Recht hoffen, dafs auch das gemeinsame Zollgebiet in die Reihe der an Weizenmangel leidenden Konsumtionsgebiete treten wird und der Schutzzoll zu Gunsten unserer Landwirte vollständig zur Geltung gelangt.

III.

Der Zusammenhang des Weizenumsatzes mit den Budapester und auswärtigen Weizenpreisen wird durch die beiden weiter unten folgenden Tabellen dargestellt, deren erste die Budapester, englischen, französischen, preufsischen und Frankfurter Weizenpreise enthält, während die zweite die Differenz zwischen den Budapester und den ausländischen Preisen, verglichen mit der Nettoausfuhr von Weizen und Mehl, darstellt. Die Ergebnisse dieser zwei Tabellen werden durch die französischen und deutschen Zölle verwirrt, welche die französische und deutsche Preisbildung künstlich beeinflussen, und, da sie auch unsere Ausfuhrkosten erhöhen, die Übersicht des Verhältnisses zwischen den Budapester und den ausländischen Preisen erschweren. Um diesem Übelstande zu steuern, zeigt die Tabelle sowohl bei den französischen wie bei den deutschen Weizenpreisen auch den nach Abzug des Zolles sich ergebenden Preis. Dasselbe Verfahren wurde in der zweiten Tabelle angewendet.

I. Preis eines Metercentners Weizen in Gulden Ö. W.

Jahreszahl.	In Budapest.	In England.	In Frankreich.		In Preußen.		In Frankfurt a. M.	
			thatsächlicher Preis.	Zoll abgezogen.	thatsächlicher Preis.	Zoll abgezogen.	thatsächlicher Preis.	Zoll abgezogen.
1870	10,50	13,64	[1] 12,78	12,49	12,18	—	—	—
1871	12,23	15,93	15,90	15,61	14,04	—	—	—
1872	13,40	16,02	14,61	14,32	14,51	—	—	—
1873	14,76	16,49	16,07	15,78	15,84	—	—	—
1874	12.95	15,65	15,30	15,01	14,40	—	—	—
1875	9,74	12,69	11,49	11,20	11,76	—	—	—
1876	10,99	12,98	12,82	12,51	12,60	—	—	—
1877	12,27	15,95	14,40	14,09	13,80	—	—	—
1878	9,91	13,05	14,38	14,07	12,12	—	—	—
1879	10,91	12,32	13,54	13,25	[4] 11,76	11,16	[4] 12,84	12,22
1880	12,44	12,46	14,38	14,09	13,14	12,54	14,24	13,64
1881	12,68	12,74	13,83	13,54	13,20	12,60	14,51	13,91
1882	11,19	12,67	13,29	13,00	12,48	11,88	13,17	12,57
1883	10,12	11,69	11,92	11,61	11,10	10,50	12,32	11,72
1884	9,10	10,02	11,09	10,80	10,38	9,78	11,26	10,66
1885	8,40	9,20	[2] 10,42	8,98	[5] 9,72	7,92	[5] 10,87	9,07
1886	8,40	8,73	10,96	9,52	9,42	7,62	10,46	8,66
1887	8,21	9,12	[3] 11,24	8,84	9,84	8,04	10,81	9,01
1888	7,41	8,95	11,90	9,50	[6] 10,44	7,44	[6] 11,29	8,29
1889	8,—	8,38	11,50	9,10	10,98	7,98	11,73	8,73
1890	8,26	8,91	11,99	9,59	11,52	8,52	12,55	9,55
1891	10,07	10,38	13,01	10,51	[7] 13,32	11,20	[7] 14,02	12,22
1892	9,10	8,51	11,32	8,92	11,34	9,24	11,69	9,89
1893	7,98	7,39	10,26	7,86	9,12	7,02	9,80	8,00
1894	7,05	6,44	9,53	7,13	8,10	6,00	8,59	6,79
1895	6,95	6,50	—	—	8,40	6,30	—	—

[1] 60 centime Zoll. — [2] 3 Frank Zoll. — [3] 5 Frank Zoll. — [4] 1 Mark Zoll. — [5] 5 Mark Zoll. — [6] Dieser abnorm hohe Preis ist eine Konsequenz des deutsch-französischen Krieges. — [7] Österr.-ung. Handelsvertrag; Zoll 3,5 Mark.

II. Der Preis ist höher als der Budapester Preis

Jahreszahl.	In England.	In Frankreich.		In Preußen.		In Frankfurt a. M.		Durchschnitt.		Plus der Ausfuhr des gemeinsamen Zollgebietes in Millionen Metercentnern.
		wirklicher Preis.	ohne Zoll.	wirklicher Preis.	ohne Zoll.	wirklicher Preis.	ohne Zoll.	wirklicher Preis.	ohne Zoll.	
		Gulden Ö. W.								
1870 .	3,14	[1] 2,28	1,99	1,68	—	—	—	2,37	2,26	3,687
1871 .	3,70	3,67	3,38	1,81	—	—	—	3,06	2,96	4,167
1872 .	2,62	1,21	0,92	1,11	—	—	—	1,65	1,55	—0,113
1873 .	1,73	1,31	1,02	1,08	—	—	—	1,34	1,24	—1,923
1874 .	2,70	2,35	2,06	1,45	—	—	—	2,17	2,07	—1,723
1875 .	2,95	1,75	1,46	2,02	—	—	—	2,04	2,14	+0,446
1876 .	1,99	1,83	1,52	1,61	—	—	—	1,81	1,71	0,877
1877 .	3,68	2,13	1,84	1,53	—	—	—	2,45	2,35	3,845
1878 .	3,14	4,47	4,18	2,21	—	—	—	3,27	3,17	4,439
1879 .	1,41	2,63	2,34	[4] 0,85	0,25	[4] 1,91	1,31	1,70	1,30	3,793
1880 .	0,02	1,94	1,65	0,70	0,10	1,80	1,20	1,12	0,72	—0,589
1881 .	0,06	1,15	0,86	0,52	—0,08	1,83	1,23	0,89	0,49	0,452
1882 .	1,48	2,10	1,81	1,29	0,69	1,98	1,38	1,71	1,31	3,892
1883 .	1,57	1,80	1,51	1,98	0,38	2,20	1,60	1,64	1,24	3,478
1884 .	0,92	1,99	1,70	1,28	0,68	2,16	1,56	1,61	1,21	1,723
1885 .	0,80	[2] 2,02	0,58	[5] 1,32	—0,48	[5] 2,47	0,67	1,65	0,39	2,055
1886 .	0,33	2,56	1,12	1,02	—0,78	2,06	0,26	1,49	0,24	3,666
1887 .	0,91	[3] 3,03	0,63	1,63	—0,17	2,60	0,80	2,04	0,54	3,840
1888 .	1,54	4,49	2,09	[6] 3,03	0,03	[6] 3,88	0,88	3,23	1,14	6,530
1889 .	0,38	3,50	1,10	2,98	—0,02	3,73	0,73	2,65	0,54	4,606
1890 .	0,65	3,73	1,33	3,26	0,26	4,27	1,27	2,98	0,88	3,580
1891 .	0,31	2,94	0,54	[7] 3,25	1,15	[7] 3,95	1,85	2,61	0,96	2,200
1892 .	—0,59	2,22	—0,18	2,24	0,14	2,59	0,49	1,62	—0,04	0,682
1893 .	—0,59	2,28	—0,12	1,14	—0,96	1,82	—0,28	1,16	—0,49	0,395
1894 .	—0,61	2,48	+0,08	1,05	—1,05	1,54	—0,56	1,12	—0,53	0,377

[1] 60 centimes Zoll. — [2] 3 Frank Zoll. — [3] 5 Frank Zoll. — [4] 1 Mark Zoll. — [5] 3 Mark Zoll. — [6] 5 Mark Zoll. — [7] 3,5 Mark Zoll.

Aus diesen Tabellen geht zunächst hervor, dafs das zwischen den englischen, französischen und preufsischen Weizenpreisen bestandene Verhältnis wesentliche Umwandlungen erfahren hat. Während nämlich der englische Weizenpreis zu Beginn der in Rede stehenden 25jährigen Periode höher als der französische, und der letztere bedeutend gröfser als der preufsische war, verschwindet die Differenz zwischen den englischen und den kontinentalen Preisen, um sich alsbald im umgekehrten Verhältnisse wieder einzustellen, und auch der Unterschied zwischen den französischen und preufsischen Weizenpreisen sinkt auf die Hälfte.

Es ist das eine natürliche Folge der Herabsetzung der Transportkosten, welcher Umstand nicht nur die Wirkung der Entfernung zwischen den exportierenden und importierenden Staaten, sondern auch dieser Staaten unter einander vermindert. Dieser Faktor musste in England am stärksten hervortreten, welches seinen Bedarf überwiegend in andern Weltteilen deckt und von diesen aus am billigsten erreichbar ist. Sobald der amerikanische Weizen in der Weltversorgung eine beherrschende Stellung einnimmt, diktiert er die Weizenpreise und drückt sie in England unter das Niveau der französischen und preufsischen Preise. Die Nähe Preufsens zu Rufsland wieder hat zur Folge, dafs seine Preise wesentlich hinter den französischen zurückbleiben, und die höchsten Preise sind auf dem vom Meere entfernteren süddeutschen Markte anzutreffen.

Es ist richtig, die Getreidezölle alterieren die Preisbildung sehr wesentlich und erhöhen auch künstlich die Preise des Kontinents, aber die oben gekennzeichnete Tendenz wird erkennbar, wenn wir die Zölle von den Preisen abziehen und diese in solcher Gestalt untersuchen.

Die besonderen Zwischenfälle einzelner Jahre, wie beispielsweise die Einwirkung des deutsch-französischen Krieges auf die französischen Weizenpreise, eine ungewöhnlich schlechte oder reiche Ernte auf dem Territorium des einen und des anderen Staates oder auf dem für einen Staat besonders wichtigen Ausfuhrgebiete (z. B. der Einflufs russischer Ernten auf die preufsischen Preise) rufen in einzelnen Jahren der erwähnten Tendenz entgegengesetzte Fluktuationen hervor; aber sie wird sofort wieder klar erkennbar, wenn wir fünfjährige Durchschnitte zur Grundlage der Vergleichung nehmen. Der durchschnittliche Weizenpreis beträgt nämlich

Jahreszahl.	In England.	In Frankreich mit Zoll	ohne Zoll	In Preufsen mit Zoll	ohne Zoll
		pro Metercentner in Gulden.			
1870—74	15,55	15,15	14,86	14,19	—
1875—79	13,40	13,32	13,03	12,41	—
1880—84	11,92	12,90	12,61	12,06	11,46
1885—89	8,88	11,24	9,19	10,09	7,80
1890—94	8,33	11,42	8,80	10,08	8,40

oder der englische Weizenpreis ist gröfser, respektive geringer

	als der französische		als der preufsische	
	mit Zoll	ohne Zoll	mit Zoll	ohne Zoll
1870—74	+ 0,40	+ 0,60	+ 1,36	+ 1,36
1875—79	+ 0,08	+ 0,37	+ 0,99	+ 0,99
1880—84	− 0,98	− 0,69	− 0,14	+ 0,46
1885—89	− 2,36	− 0,61	− 1,21	+ 1,08
1890—94	− 3,09	− 0,47	− 2,35	− 0,07

Wenn wir also die Wirkung des Zolles eliminieren, finden wir, dafs der französische Weizenpreis im Vergleiche zu dem englischen um 1 fl. 16 kr., der preufsische um 1 fl. 43 kr. sich besserte und dafs auch die Differenz zwischen den französischen und preufsischen Preisen sich um 27 kr. verminderte.

Dieses Resultat beweist zugleich, dafs die Schutzzölle beider Gebiete in den Preisen beinahe vollständig zur Geltung gelangten. Eine Ausnahme machen lediglich die preufsischen Preise in der Periode 1885—89, bei welchen der Schutzzoll nur etwa mit der Hälfte zum Ausdruck kam; allein in den folgenden Jahren findet der Zoll bereits die volle Ausprägung in den Preisen, denn der nach Abzug des Zolles sich ergebende Preis verhält sich zu dem englischen Weizenpreise, wie der letztere dem Preisverhältnisse vor der Zollerhöhung und der oben erwähnten Annäherungstendenz der Preise entspricht.

Dieselben Faktoren, welche die Preise der erwähnten Länder einander näher brachten, wirkten vermindernd auch auf die Differenz zwischen den Budapester und westeuropäischen Weizenpreisen. Der Budapester Preis besserte sich gegenüber den nach Abzug des Zolles berechneten westeuropäischen Preisen 1871 bis 1894 um 3 fl. 50 kr. (wir sind gezwungen solange, als wir über einen Überschufs verfügen, mit diesem zu kalkulieren, da der Überschufs nur auf den westeuropäischen Märkten, also nach Bezahlung des Zolles, placiert werden kann). Beiläufig die Hälfte dieser Besserung ist der Verringerung der Transportkosten und der daraus folgenden Ausgleichung der Preise zuzuschreiben; die andere Hälfte hängt mit der Abnahme unserer Ausfuhr zusammen.

Die Vergleichung der beiden letzten Rubriken der Tabelle II illustrirt sehr klar die Wirkung dieser beiden Faktoren. Die Zu- oder Abnahme der Ausfuhr zieht entsprechende Fluktuationen des Preisunterschiedes nach sich. So verursacht beispielsweise ein Exportüberschufs von beiläufig 4 Millionen folgende Preisdifferenzen zu unseren Lasten:

1871 — — — 2 fl. 96 kr.
1877 — — — 2 „ 35 „ [1])
1882 — — — 1 „ 31 „
1887 und 1888 0 „ 54 „

Die Ausfuhr des Jahres 1888 mit 6,5 Millionen erhöht die Differenz auch nur auf 1 fl. 14 kr.

Bei einer Ausfuhr von beiläufig einer halben Million Metercentnern aber zeigt sich folgende Differenz zu unseren Lasten:

1875 — — — 2 fl. 14 kr.
1876 — — — 1 „ 71 „
1881 — — — 0 „ 49 „

dagegen eine Differenz zu unseren Gunsten von:

1892 — — — 0 fl. 04 kr.
1893 — — — 0 „ 49 „
1894 — — — 0 „ 53 „ ,

sodafs die Besserung des Verhältnisses zusammen 2 fl. 67 kr. beträgt.

Noch prägnanter erscheint diese Differenz, wenn wir das Durchschnittsverhältnis der Jahre 1890 und 1891 (+ 92 kr.) mit jenem der drei folgenden Jahre (— 35 kr.) vergleichen. Während dieser Zeit haben sich nämlich die Transportkosten

---

[1]) Die Preisdifferenz des Jahres 1878 ist wegen des abnorm hohen französischen Preises als eine ausnahmsweise zu betrachten und wurde deshalb hier nicht in Betracht gezogen.

nicht wesentlich geändert, und die sich zeigende verhältnismäfsige Besserung von 1 fl. 27 kr. kann ausschliefslich dem Umstande zugeschrieben werden, dafs unsere Ausfuhr in dem Durchschnitte der beiden Perioden um 2,4 Millionen Metercentner abgenommen hat.

Dafs aber die Verringerung unseres Exportes in solchem Mafse in der Preisbildung zur Geltung gelangte, ist ausschliefslich dem im Jahre 1887 eingeführten Weizenzolle auf die Rechnung zu stellen. Hatten wir doch von 1872 bis 1874 eine positive, und zwar eine ansehnliche Einfuhr (920 000 q. jährlich im Durchschnitt), und trotzdem blieben unsere Preise mit 1 fl. 62 kr. unter dem westeuropäischen Durchschnitte, da wir in unmittelbarer Nähe des von jedem anderen Konsumtionsgebiete entfernten serbischen, rumänischen und teilweise des russischen Exportes liegen, dieser Weizen aber unseren Bedarf billig deckt, sobald wir uns gegen ihn nicht mit dem Schutzzoll verteidigen.

Als letzte Folgerung können wir daher die anführen, dafs der Schutzzoll solange wirkungslos bleibt, als wir einen namhaften Überschufs exportieren müssen, dafs er aber notwendig ist und wenigstens teilweise zur Geltung gelangt, sobald unser Überschufs auf eine relativ unbedeutende Quantität herabsinkt.

IV.

Aus dieser Wahrheit folgt als der einzig richtige Standpunkt des ungarischen Landwirtes von selbst, dafs wir, sofern es auf gerechter und billiger Grundlage möglich ist, das Zollbündnis mit Österreich erneuern müssen, in Verbindung damit unser landwirtschaftliches Zollsystem zu ergänzen und weiter zu entwickeln haben.

Wir sahen oben, dafs die einzige Möglichkeit, dem ungarischen Landwirte mit staatlichen Mitteln zu helfen, in den Schutzzöllen ruht, und wir sahen auch, dafs die Wirkung der Schutzzölle nur dort zur Geltung kommt, wo entweder gar kein oder höchstens ein äufserst geringer auszuführender Überschufs auf die Preise Einflufs übt. Nun verfügt aber Ungarn fast in allen wichtigen Artikeln seiner Landwirtschaft über einen namhaften Überschufs. Es ist genötigt, ein gutes Drittel seines Weizens und einen grofsen Teil seiner tierischen Produkte auszuführen. Unter solchen Umständen ist es der reinste Widersinn, bei getrenntem Zollgebiete von Schutzzöllen zu sprechen; unsere sämtlichen Produktenpreise müfsten auf ein so tiefes Niveau sinken, damit die grofse Masse der Produkte mit Nutzen auf den Weltmarkt gebracht werden könne. Um sich zu vergegenwärtigen, was das für uns bedeuten würde, genügt wohl als Illustration der Hinweis darauf, dafs der Preis des Weizens im Jahre 1894 gegenüber dem Durchschnitt der Periode 1888—1890

in England — — — — 2 fl. 31 kr.
in Frankreich — — — — 2 „ 27 „
in Preufsen — — — — 1 „ 98 „
in Frankfurt — — — — 2 „ 37 „

daher durchschnittlich um 2 fl. 23 kr., in Budapest dagegen nur um 82 kr. sich verringerte[1]). Diese Differenz von 1 fl. 40 kr. müssen wir hauptsächlich der Geringfügigkeit unseres auszuführenden Überschusses zuschreiben. In dem Augenblicke, in dem wir das gesonderte Zollgebiet errichten, müssen wir um diesen Betrag mit dem Preise unseres Weizens unbedingt heruntergehen und müssen hülf- und hoffnungslos die weiteren Fluktuationen der Preise des Weltmarktes erdulden.

Das gemeinsame Zollgebiet ist schon heute in Wolle auf die Einfuhr angewiesen, dagegen imstande, unseren Überschuss an Weizen fast vollständig und einen sehr namhaften Teil unseres Überflusses an tierischen Produkten zu konsumieren. Dabei

[1])

	In England.	In Frankreich.	In Preufsen.	In Frankfurt a. M.	In Budapest.
Durchschnittl. Weizenpreis 1888—1890.	8,75	11,80	10,98	11,86	7,87
„ „ 1894 ...	6,44	9,53	8,10	8,59	7,05
Abnahme	2,31	2,27	2,88	3,27	0,82
Ab Zollreduktion von 5 auf 3½ Mark	—	—	0,90	0,90	—
Netto-Abnahme	—	—	1,98	2,37	—

ist der innere Konsum durch die Zunahme der Bevölkerung, durch den Aufschwung der Industrie und die Hebung des Wohlstandes im Steigen begriffen, es erscheint daher die Hoffnung berechtigt, dafs wir in absehbarer und vielleicht nicht ferne liegender Zeit imstande sein werden, unsere wichtigsten Produkte auf dem Zollgebiete zu placieren.

Nur dieses ist das einzige Unterpfand einer besseren Zukunft. Wir müssen uns Garantien dafür verschaffen, dafs wir nach dem Ablaufe der internationalen Handelsverträge die im Zolltarife des Jahres 1887 nur sehr mangelhaften Schutzzölle[1]) werden ergänzen können, und mit beiden Händen müssen wir jedes Mittel ergreifen, das geeignet erscheint, den inländischen Konsum zu stärken.

V.

In diesem Belange ist die Zunahme der industriellen, wie überhaupt der städtischen Bevölkerung in unserem Vaterlande von besonderer Bedeutung. Nicht nur die Nähe grofser Städte, selbst die Errichtung einer einzelnen gröfseren Fabriksniederlassung übt eine Auswirkung auf die Landwirtschaft ganzer Gegenden. Die industrielle Bevölkerung, die sich mit Rohproduktion überhaupt nicht beschäftigt, und alle ihre Lebensmittel für Geld erwirbt und schon der Natur der Fabriksarbeit und dem höheren Verdienste nach mehr und besser konsumiert, besitzt besonderen Wert für den Landwirt. Um die industriellen Knotenpunkte herum entstehen ganze Zonen der Milch-, Gemüse-, Hühner- u. s. w. Produktion; sie bieten uns auch ergiebige Hilfe, um die Preisverminderung derjenigen Produkte zu ertragen, die auch Artikel des Weltverkehrs sind.

---

[1]) Diese Ergänzung des Zollsystems des gemeinsamen Zollgebietes in agrarischer Richtung ist für die ungarische wie für die österreichische Landwirtschaft in ganz gleicher Weise eine Lebensfrage. Zur Ermöglichung derselben müssen wir auch die österreichischen landwirtschaftlichen Interessenkreise zu Hilfe rufen und dürfen nicht zugeben, dafs dieselbe als ein von Österreich an Ungarn gebrachtes Opfer dargestellt werde. Auch Österreich kann seine Landwirtschaft nicht zu Grunde gehen lassen und es mufs im eigenen bestverstandenen Interesse derselben einen wirksameren als den gegenwärtigen Schutz angedeihen lassen.

Nichts war ersprieſslicher für uns Landwirte, als der rasche Aufschwung der Industrie sowohl in Österreich, wie ganz besonders in unserm Vaterlande. Ihm verdanken wir nicht nur die Zunahme unseres Weizen- und Fleischverbrauches, sondern auch, daſs immer mehr und mehr Landwirte, immer weitere und weitere Gegenden die unberechenbaren Vorteile der Nähe städtischer Konsumenten genieſsen.

Jedes weitere Streben in dieser Richtung, jeder Schritt zur Entwickelung der Industrie und zur Steigerung des inneren Konsums ist vielleicht am meisten im Interesse des Landwirtes gelegen. Bei der heutigen Situation des Weltmarktes, in der wir genötigt sind, nahezu Alles zu Schleuderpreisen hintanzugeben, womit wir auf das Ausland angewiesen sind, ist das der einzige, wohl langsame, aber sichere Weg zu einer besseren Zukunft.

Solange unsere Rohprodukte in dem freien Verkehre des Weltmarktes zu befriedigenden Preisen Absatz fanden, konnten wir mit Recht behaupten, daſs das gemeinsame Zollgebiet hauptsächlich ein österreichisches Interesse sei, und so lange unsere Landwirtschaft mit Hilfe der Zölle nicht des entsprechenden Schutzes teilhaftig wird, konnten und können wir mit Berechtigung die Steuer, die in den Verteidigungszöllen für die österreichische Industrie enthalten ist, als ein einseitiges Opfer betrachten. In der gegenwärtigen Situation jedoch, in der wir unsere Landwirtschaft nur dadurch vom Ruine erretten können, wenn es uns gelingt, ein Wirtschaftsgebiet zu bilden, welches im Stande ist, mit Hilfe der Schutzzölle seine Produktenpreise beträchtlich über das von dem freien Weltverkehr geschaffene Niveau hinaus zu erhöhen, ist das gemeinsame Zollgebiet auch für uns ein eben solches Lebensinteresse wie für Österreich. Dasselbe ist nicht nur, wie in der Vergangenheit so auch jetzt eine Voraussetzung des Bestandes der österreichischen Industrie, sondern auch der Rettung unserer Landwirtschaft; und wenn wir die Augen vor dieser Thatsache nicht verschlieſsen wollen, müssen wir darin auch einen teilweisen Ersatz für die Opfer erblicken, die wir in der Vergangenheit im Interesse der österreichischen Industrie gebracht haben. Nur mit dieser Hilfe konnte sich jene entwickeln und konnte der innere Verbrauch solche Verhältnisse annehmen, dafs die Wirkung der landwirtschaftlichen Zölle in unseren Preisen wenigstens teilweise zum Durchbruch gelangte. Die Erhaltung dieses Vorteiles, seine vollständigere Ausnützung und Ausweitung, die fernere Besserung des Verhältnisses zwischen innerem Verbrauche und Produktion, daher die Förderung der Industrie, des Handels und im allgemeinen der Entwickelung der Städte müfsen die wichtigsten Bestrebungen unserer volkswirtschaftlichen Politik bilden.

Schlußwort.

Die hier empfohlene wirtschaftliche Politik hat zwei gefährliche Gegner.

Der eine ist die Übertragung der, das ungarische öffentliche Leben beherrschenden staatsrechtlichen Kämpfe auf das wirtschaftliche Gebiet, in deren Folge die staatsrechtliche Opposition einen Gegensatz zwischen dem wirtschaftlichen Ausgleiche mit Österreich und ihrem staatsrechtlichen Programme erblickt und ein Teil der ungarischen Landwirte aus rein politischen Motiven sich den Anhängern der Trennung des Zollgebietes anschließt. Die Vermischung politischer Gesichtspunkte mit der Beurteilung volkswirtschaftlicher Fragen erschwert die objektive und zweckmäßige Lösung derselben immer und ist in der Regel mit einer Verletzung jener Interessen, mit einer Schwächung jener Kräfte, denen gedient werden wollte, verbunden. Daß die berechtigten Interessen der ungarischen Volkswirtschaft bislang auf dem Gebiete der Zollpolitik nicht vollständig zur Geltung kamen, ist größtenteils dem bedauerlichen Umstande zuzuschreiben, daß die Parteipolitik einen ansehnlichen Teil unserer Landwirte in die grundsätzliche Negation jener Institution drängte, die allein die Voraussetzungen des wirksamen Zollschutzes zu bieten vermag, statt in die Reihe der Verteidiger derselben zu treten und in geschlossener Linie mit vereinter Kraft dahin zu streben, die berechtigten Wünsche im Rahmen jener Institution geltend zu machen.

Gerade in Ansehung des wirtschaftlichen Teiles des Ausgleiches vom Jahre 1867 giebt es keine Notwendigkeit und keinen Grund für staatsrechtliche Kämpfe. In Bezug auf die staatsrechtliche Seite dieser Fragen besteht keine Verschiedenheit der Auffassung unter den ungarischen Parteien. Das bedingungslose Recht Ungarns, diese Fragen selbstständig zu regeln, anerkennt das Gesetz und wurde niemals, von niemandem in Zweifel gezogen; es beschränkt aber unsere volkswirtschaftliche Unabhängigkeit absolut nicht und ist aus staatsrechtlichem Gesichtspunkte vollkommen irrelevant, wenn wir der Ausübung dieses Rechtes ausschliefslich aus Gründen der Zweckmäfsigkeit in einem an Zeit gebundenen Übereinkommen entsagen, um „als freie Nation mit einer freien Nation" mit Österreich ein an Zeit gebundenes Übereinkommen hinsichtlich der gleichmäfsigen, teilweise gemeinsamen Lösung dieser Fragen zu schliefsen, nach dessen Ablauf das freie Verfügungsrecht des Landes in unangetasteter Vollständigkeit wieder auflebt.

Die rechtliche Natur der mit Österreich geschlossenen wirtschaftlichen Vereinbarungen ist keine andere, als die zwischen anderen unabhängigen Staaten zu stande gekommenen wirtschaftlichen Abmachungen besitzen. Auch in diesen binden beide vertragschliefsende Teile für eine gewisse Zeit ihr freies Dispositionsrecht über eine gewisse Partie der wirtschaftlichen Fragen, entsagen sie einer einseitigen Regelung derselben, ohne dafs es irgend jemandem beifallen könnte, gegen dieses Verfahren aus dem Gesichtspunkte der nationalen Unabhängigkeit Einwendungen zu erheben. Der Umstand, dafs unsere mit Österreich geschlossenen Vereinbarungen einen weiteren Kreis solcher Fragen umfassen und in der gemeinsamen Lösung weiter gehen, als es in der Regel durch internationale Verträge geschieht, ändert nichts an ihrer rechtlichen Natur. Das Wesen der letzteren liegt darin, dass die Vereinbarungen ohne rechtlichen Zwang, aus freier Entschliefsung und für eine gewisse Zeit getroffen werden, nach deren Ablaufe das freie Dispositionsrecht beider Teile wieder in seine Geltung tritt.

Bei der Beurteilung der Frage soll uns auch der Umstand nicht beirren, dafs es bisher kaum ein Beispiel dafür giebt, wonach vollkommen unabhängige Staaten, die ihre Unabhängigkeit auch bewahren wollen, ein gemeinsames Zollgebiet gebildet hätten. Tritt doch gerade in unseren Tagen der Gedanke der europäischen Zollunion immer wieder in den Vordergrund. Derselbe wird in weiten Kreisen Frankreichs und Deutschlands, Österreichs und unseres Vaterlandes gehegt. Die volkswirtschaftlichen Hindernisse dieses Planes sind leider beinahe unbesiegbare und wir werden die Ausführung desselben kaum erleben; aber wenn sie dennoch gelänge, so würden wir ungarischen Landwirte sie mit ungeteilter Freude begrüfsen. Wenn nun darin keine Verletzung unserer nationalen Unabhängigkeit gelegen ist, dafs wir im Verein mit Österreich, Deutschland und Frankreich ein gemeinsames Zollgebiet bilden sollen, so verstehe ich wahrhaftig nicht, wie es aus diesem Gesichtspunkte bemängelt werden kann, wenn wir ein eben solches Übereinkommen nur mit Österreich schliefsen.

Selbst der orthodoxeste Gläubige der Unabhängigkeitspartei kann sich mit der gröfsten Seelenruhe auf den prinzipiellen Standpunkt des gemeinsamen Zollgebietes stellen. Derselbe steht auch zu der am schroffsten durchgeführten Personalunion, mit der vollständigen Lostrennung der Armee und der auswärtigen Angelegenheiten in keinem Gegensatze und läfst aus rechtlichem Gesichtspunkte alle Attribute der nationalen Unabhängigkeit unberührt. Die Errichtung des gesonderten Zollgebietes wäre überhaupt keine staatsrechtliche Errungenschaft. Sie würde Österreich, aber auch uns schädigen, beide schwächen, jene Kraft vermindern, die uns zur Verteidigung unserer nationalen Existenz gegen einen äufseren Feind zur Verfügung steht, ohne die Unabhängigkeitspartei ihren politischen Zielen auch nur um einen Schritt näher zu bringen.

Der zweite, vielleicht noch gefährlichere Feind ist die Ausbreitung der kontinentalen, vorwiegend deutschen sogenannten agrarischen Tendenzen, die unter dem Schlagworte der Verteidigung landwirtschaftlicher Interessen unsere Landwirte in den Kampf gegen die übrigen Klassen der Gesellschaft und gegen den liberalen Fortschritt treiben wollen.

Dafs diese Strömung im Auslande entstanden ist und Terrain gewonnen hat, dafür giebt es ausreichende und natürliche Gründe.

Die politischen Bewegungen des Auslandes sind seit Jahrhunderten mit den Interessenkämpfen der in wirtschaftliche

Interessenkreise geteilten Gesellschaft verknüpft. Gestützt auf die Handel und Industrie treibende Bürgerschaft der Städte haben die Fürsten die Lehensmacht und ständischen Vorrechte des Adels zertrümmert, dieselbe Bürgerschaft erkämpfte unter der Führung einzelner hervorragender Fürsten oder gegen die mit dem Adel versöhnte Fürstenmacht die Institutionen der persönlichen und wirtschaftlichen Freiheit, welche die Grundlage der modernen Gesellschaftsordnung bilden. In ihrem Kreise schlug die politische Freiheit Wurzel, gedieh auch der zarte Trieb der modernen Verfassungsmäfsigkeit, unter ihrer Obhut wuchs dieselbe zum stämmigen Baume heran inmitten der wirtschaftlichen und politischen Kämpfe mit der Klasse der Grundbesitzer. Der Industrielle, der Kaufmann, überhaupt die städische Bevölkerung bildet auch heute das Gros der liberalen Partei, während die grofse Masse der mit Landwirtschaft Beschäftigten durch alle ihre Traditionen in das gegnerische politische Lager gedrängt werden. Es ist eine natürliche Folge, dass der kontinentale, namentlich der deutsche Liberalismus mit den gesellschaftlichen und wirtschaftlichen Auffassungen, Interessen, Sympathien und Antipathien der städtischen Bewohner verwachsen ist, während die landwirtschaftlichen Kreise durch die Antipathie gegen die ganze moderne Gesellschaftsordnung, durch politischen und wirtschaftlichen Konservativismus charakterisiert erscheinen. Liberalismus und Landwirtschaft stehen sich als Gegner gegenüber, jener ist häufig befangen, einseitig und zumindest gleichgiltig gegen die berechtigten Interessen der Landwirtschaft, diese ist ein williges Werkzeug der politischen und wirtschaftlichen Reaktion.

Es giebt nur zwei Länder in Europa, deren Vergangenheit im Gegensatze zu dieser geschichtlichen Entwickelung steht: England und unser Vaterland.

Beide schufen die politische Einheit der Nation, noch ehe die Gliederung der gesellschaftlichen Klassen sich herauskrystallisierte und die Gegensätze derselben sich entwickelt hätten. Das öffentliche Leben beider wird durch nationale Auffassung charakterisiert, von politischen Gesichtspunkten beherrscht, indem die Klasseninteressen in die zweite Linie gedrängt werden. Beide schlagen ihre grofsen Kämpfe um die verfassungsmäfsige Entwickelung und den liberalen Fortschritt unter der Führung ihrer grundbesitzenden Aristokratie. Die politischen Parteien gruppieren sich nicht nach gesellschaftlichen Klassen, nach wirtschaftlichen Interessen, sie alle sind von konstitutionellem Empfinden und liberaler Auffassung durchdrungen. Dieser stark entwickelte nationale und politische Sinn ihrer Völker ist ihr hervorstechendster Charakterzug und ihr berechtigter Stolz. Dadurch wurde der Grund zur Gröfse Englands gelegt, dadurch wurde es möglich, dafs wir inmitten so vieler Gefahren, nach so vielen Schicksalsschlägen uns als freie Nation erhalten, und die Schwelle des zweiten Jahrtausends, an materieller und geistiger Kraft gestärkt, mit der Hoffnung auf eine bessere Zukunft überschreiten konnten.

In vielen Dingen sind wir gegen die gebildeteren, reiferen Nationen des Kontinents noch zurückgeblieben, aber in Bezug auf politische Reife sind wir ihnen voraus. Wir haben von ihnen noch sehr viel zu lernen, aber gerade im öffentlichen Leben, in Hinsicht der politischen Ideen und Strömungen müssen wir auf der Hut sein, was wir uns aneignen.

Die ungarische Nation lernte stets bereitwillig vom Westen, recipierte die von dort kommenden neuen Ideen mit Vorliebe, aber sie verstand es immer, dieselben mit den charakteristischen Zügen der ihr eigentümlichen nationalen Auffassung zu durchdringen, ihnen den Stempel ihrer ausgeprägten nationalen Individualität aufzudrücken.

So geschah es auch mit den grofsen Ideen, die das geistige Leben unseres Jahrhunderts erfüllen. Der ungarische Liberalismus wird von dem kontinentalen durch einen tiefgehenden Unterschied getrennt. Er hat seine Basis nicht in einzelnen Klassen, sondern in der gesamten Individualität der Nation, er ist mit unserer ganzen nationalen Entwickelung, mit unserem ganzen nationalen Sein unlösbar verbunden. In ihm pulsiert die nationale, die staatliche Auffassung stärker, er besitzt einen regeren Sinn für die Ansprüche, welche die grofsen Ziele des nationalen staatlichen Lebens an die Gesellschaft stellen, er ist von thatkräftigerem, opferbereiterem Patriotismus durchdrungen. Er steht hoch über den Interessenkämpfen der Klassen und hat die kurzsichtige Politik der wirtschaftlichen Einseitigkeit bisher weit von sich gewiesen.

Schlußwort.

Die in unseren Tagen eingetretenen großen Umwandlungen auf dem Gebiete des materiellen und ideellen Verkehrs verbinden das geistige Leben der Völker immer enger, vermehren die fremden Einwirkungen, welche die nationale Auffassung modifizieren, von Tag zu Tag, und steigern die Ansprüche an die Umgestaltungsfähigkeit des nationalen Geistes. Geben wir acht, damit wir nicht mehr lernen, als wir verdauen können, und bringen wir die schönsten, wertvollsten Züge unserer nationalen Individualität nicht der Aneignung der westlichen Ideen zum Opfer.

Die Einseitigkeit und Unduldsamkeit des ausländischen Liberalismus ist bei uns ein fremdes Gewächs, das gleich wie bisher so auch in der Zukunft in unserem Kreise nicht Wurzel schlagen darf. Andererseits gab es und giebt es bei uns zwischen Liberalismus und landwirtschaftlichem Interesse keinen Gegensatz, und nichts motiviert bei uns die reaktionären Bestrebungen des deutschen Agrarismus.

Dieselben stehen zu der ganzen Vergangenheit, zu den schönsten Traditionen, zu dem Wesen unserer Landwirte im Gegensatze. Es bleibt der unvergängliche Ruhm der ungarischen Grundbesitzerklasse, daß sie selbst ihre eigenen Vorrechte abgeschafft, daß sie die Vorbedingungen der Freiheit, der Wohlfahrt und des Aufblühens der übrigen Klassen erkämpft hat. Unsere schönsten Erinnerungen knüpfen sich an diesen Kampf unserer Väter; der ist ein verdorbener Nachfahr, der dessen vergißt.

Nenne niemand diesen Kampf eine sinnlose Großmut, sage niemand, daß wir mit unserem materiellen Verderben bezahlen, was wir im Interesse anderer errungen haben. Es ist wahr, wir befinden uns in schwieriger Lage, wir haben mit vielen Mißlichkeiten zu kämpfen, aber wo stünden wir heute, wenn wir durch die Erkämpfung der politischen und wirtschaftlichen Freiheit jene Epoche einer 20jährigen rapiden Entwickelung nicht erworben hätten, während welcher unser Einkommen sich verdoppelte, der Wert unseres Bodens und unserer Kreditfähigkeit sich vervierfachten, und woher schöpften wir die Hoffnung zum aussichtsvollen Kampfe, wenn uns die vermehrte Wohlhabenheit des Landes, die gesteigerte Verbrauchsfähigkeit der übrigen Klassen der Gesellschaft nicht zu Hilfe kämen?

Die berechtigten Interessen der Landwirtschaft müssen in den gegenwärtigen schweren Zeiten unsere wirtschaftliche Politik beherrschen. Das fordert nicht nur das wohlverstandene Interesse der Landwirte, sondern auch dasjenige aller anderen Klassen der Gesellschaft. Aber suchen wir die Befriedigung unserer berechtigten Interessen niemals auf anderer Grundlage, als auf der grundsätzlichen Basis der politischen und wirtschaftlichen Freiheit, die das einzige zuverlässige Unterpfand ebenso unserer nationalen Entwickelung wie unseres materiellen Fortschrittes ist, geben wir nicht zu, dafs der Geist des Klassenkampfes, die niedrige Empfindung des Neides gegen die Bereicherung anderer Klassen sich in unsere Seele stiehlt.

Es sind unzweifelhaft manche Unterlassungen in der Vergangenheit verschuldet worden, aber auch wenn sie nicht begangen worden wären, erfordern die erhöhten Übel verdoppelte Mafsregeln. Unter diesen Verhältnissen ist es unbedingt notwendig, dafs unsere Landwirte nachdrücklich und einmütig sich über den Schutz unserer berechtigten Interessen äufsern und wir können mit vollem Fug und Recht erwarten, dafs alle anderen Klassen der Gesellschaft uns in den auf die Sicherstellung unserer Existenz gerichteten Bestrebungen unterstützen werden. Wenn uns aber dieses Ziel vor den Augen schwebt, dürfen wir diese unsere Bestrebungen nicht mit einem Gedankenkreise, mit Tendenzen verbinden, die mit Recht das Mifstrauen der übrigen Klassen der Gesellschaft erwecken, die mit dem Wesen, der Vergangenheit, der politischen und nationalen Richtung der ungarischen Landwirte unvereinbar sind.

Die Heilung unserer Übel heischt objektive Untersuchung, besonnene, unbefangene Erörterung; sie macht es uns zur gebietenden Pflicht, sorgfältig alles zu vermeiden, was die politischen Gegensätze, die Parteileidenschaft in die Beurteilung derselben hineintragen könnte. Diejenigen sind, sicherlich unbewufst, die gröfsten Feinde des ungarischen Landwirtes, die unsere Übel als Mittel der Agitation benutzen wollen und unter agrarischem Aushängeschilde reaktionäre Konterbande schmuggeln.

Printed by Libri Plureos GmbH
in Hamburg, Germany